キャラ化するニッポン

相原博之

講談社現代新書
1910

目次

序章　日本中で「キャラ化」現象が起きている

「キャラ化」の現実

キャラ化。

日々仮想現実空間にどっぷりと浸ることで、「生身の私」よりも「キャラとしての私」のほうに親近感やリアリティを感じるようになってしまった人たち。

（アイデンティティのキャラ化）

ダイエットやアンチ・エイジングに日々精を出すことで、自らの「生身のからだ」を拒絶し、永遠に劣化しない「キャラクター的身体」を手に入れようとする人たち。

（身体のキャラ化）

「自民党をぶっ壊す」「刺客」と、まるでマンガを地で行くような政治を展開した「小泉純一郎」と、そのキャラに無批判に喝采を送った人たち。
（政治のキャラ化）

まさに、実体とかけ離れた、うわべだけの魅力的なキャラ（＝企業イメージ）によって資金を大量に集め、膨張を繰り返す新興企業たち。
（経済・企業のキャラ化）

「異性」「商品」「コンテンツ」……その「全体」ではなく、「パーツ（＝キャラ属性）」にしか魅力を感じることができなくなってしまった人たち。
（消費のキャラ化）

今、日本は確実に「キャラ化」へと向かっている。

仮想現実を生きる以上、ぼくらは「キャラ」でしかあり得ない

ぼくらは戦後数十年の間ずっと、マンガやアニメにびっしりと囲まれて日々を生きてき

た。そして、長い歴史の中で、それらとの間に抜き差しならない精神的な絆《きずな》さえ築いてきた。もはや、マンガやアニメなしで生きていくことなど考えられないところまで来てしまっている。

そんなぼくら日本人が、いつのまにか生身の現実世界よりもマンガやアニメが作り出す「仮想現実」のほうに強いリアリティや共感を覚えるようになったとしても、それはもはや驚くことではないのかもしれない。

ぼくらは、インターネットや携帯電話上の仮想空間に日々浸り続けることにすっかり慣れてしまっている。そして、さらに言えば、ぼくらは仮想空間の中で生きることに心地よささえ感じるようになってきている。

そんなぼくら日本人にとって、いつのまにか「生身の現実世界」やそこを生きる「生身の私」が違和感や拒否反応を覚える存在になってしまっているとしても、それもとりたてて驚くことではないのかもしれない。

ぼくらは既に、仮想現実を生き始めている。

そして、仮想現実を生きる以上、ぼくらは「キャラ」でしかあり得ない。

さらに言えば、アーティスト・村上隆の「スーパーフラット論」や桑沢デザイン研究所教授・森川嘉一郎のヴェネチア・ビエンナーレでの「オタク展」を例に引くまでもなく、アニメやマンガの最大特徴である二次元性、平面性にリアリティや美を見出すという感覚は、「浮世絵」に代表されるように、そもそも日本人特有の美意識であった。

だとすれば、「生身の私」よりも「キャラとしての私」のほうにリアリティを感じるという、一見特異とも思えるこの感覚も、元来日本人に潜在的に備わっていたものだと考えることができる。

その意味では、日本の「キャラ化」は歴史的に準備されたものだと言ってもいいのかもしれない。


「キャラ化」は至るところに広がっている。

肥大化するキャラ・コミュニケーション

最近の若者たちは、本来の自分の内面とは別の、表層的な「キャラ」によってしかコミュニケーションできなくなっていると言われる。グループ内で他の構成員から決められた「〜キャラ」というラベルが事実上のアイデンティティになっているのだ。

この恣意的で、表層的な「キャラ・コミュニケーション」は、一見エンタテインメントなもののようにも見えるが、実際はグループ内でキャラづけしてもらえないと、自らの居場所＝アイデンティティまで失ってしまうとも言われるほど、彼らの人間関係に重大な影響力を持つに至っている。

「堀江貴文」という「生身の私」が「ホリエモン」という「キャラ」に変異することで一躍時代の寵児《ちょうじ》になったように、「キャラ」は本来帰属するはずの「生身の私」から乖離《かいり》して一人歩きし、やがては、それを飲み込むまでに肥大化しさえする。

インターネット上で行われている「キャラとしての私」によるコミュニケーションが時に暴走するのも、一人歩きした「キャラ」の肥大化によるものと言っていい。それは、誰もが経験しているように、実のところ「生身の私」側ではもはやコントロール不能なのである。

繰り返すが、今、日本は急速にキャラ化している。

ぼくはこの本で、この「キャラ化」の実態を明らかにしようと思う。

まず、第一章・第二章では「キャラ化するニッポン」を準備したと言っていい、キャラクターと日本人との抜き差しならない関係について、ユニークな調査データを使って詳細に分析する。キャラクターが長い年月の中で日本人の生活の細部にまで浸透していった実態と、それを通じて、単なるエンタテインメント・ツールだと思われてきたキャラクターが、実はいかにぼくら日本人と強い精神的な絆を結んでいるかが、この分析を通じて明らかになるはずだ。

それを受けて、第三章以降では、コミュニケーション、身体感覚や健康意識、また政治や経済からコンテンツ、タレントまで、様々な領域でのケースを取り上げながら「キャラ化するニッポン」の現状について独自の考察を行っていく。

「キャラ化」とは、いったいどのようなものなのか。
「キャラ化」の先には、いったいどのような世界があるのか。
この本がそれを考えるヒントになるはずだ。

第一章　キャラクターと日本人の精神史

戦後復興、すぐにキャラクターが誕生

日本は、急速にキャラ化の様相を強めている。

その背景には、日本人とキャラクターとの深い蜜月関係がある。

ぼくら日本人は、戦後一貫して、マンガ、アニメ、ゲーム、キャラクターにびっしりと囲まれる生活をしてきた。戦後早々からのキャラクターと日本人との関わりを振り返ってみると、あらためて、いかに日本人がキャラクターとともに育ち、キャラクターを愛して生きてきたのかが実感されるはずである。

マンガやアニメのキャラクターは、既に戦後復興のただ中で日本社会に華々しく登場している。

一九四六年には「マンガの神様」手塚治虫がデビューし、四〇年代後半には「冒険王」「少年クラブ」といったマンガ雑誌が大人気となっている。

一九五〇年にはディズニーアニメ「白雪姫」が公開され、また、不二家のペコちゃん、佐藤製薬のサトちゃん、エスエス製薬のピョンちゃんなど、いわゆる企業キャラもこの時期に続々と登場している。

一九五九年には「週刊少年マガジン」「週刊少年サンデー」が相次いで創刊し、マンガブームがスタートする。

一九六〇年代に入り、テレビ放映が本格化すると、「月光仮面」や「鉄人28号」などのテレビキャラクターが人気になり、中でも一九六三年にアニメ化された「鉄腕アトム」は最高視聴率四〇パーセントをマークした。そして、放映開始の翌年には八百にも及ぶキャラクターグッズが発売されてもいる。

また、一九六〇年にはあの「ダッコちゃん」が発売され、一年で二百四十万個を売る社会現象となった。

六〇年代後半になると、「ウルトラマン」「ウルトラセブン」がスタートし、怪獣ブームが起こる。「巨人の星」「タイガーマスク」「魔法使いサリー」「ひみつのアッコちゃん」など人気テレビアニメも続々と登場し、まさに子どもたちはアニメ漬けの生活を始めるようになる。

七〇年代に入ると、「仮面ライダースナック」や「超合金マジンガーZ」が大ブームとなる。またサンリオがギフトビジネスを本格化し、現在のファンシーキャラクター・マーケットの基礎が作られる。そして、七四年には「ハローキティ」が誕生している。

一九七七年にはその後のオタク文化を先導する「宇宙戦艦ヤマト」が劇場公開され、オタクたちが映画館の前に長蛇の列を作った。「ヤマト」は、テレビ放映自体は打ち切り同然で終了したが、再放送と雑誌「OUT」の特集でブームとなった。「OUT」はアニメをパロディ化して楽しむ、いわゆる「二次創作」を提唱し、その後のオタクアニメカルチャーの先導役を果たした。また、同じ頃「機動戦士ガンダム」も登場し、オタク主導でガンプラブームを巻き起こした。

八〇年代に入ると、キャラクタービジネスの市場規模は一兆円を超え、テレビだけでなく様々なフィールドへと広がっていく。

八三年には「東京ディズニーランド」が開業、初年度の入場者数は一千万人を超える人気となる。同じ年、任天堂から「ファミリーコンピュータ」が発売され、その後のゲームブームを牽引する。ビックリマンシールの一大ブームも八〇年代後半のことである。

このようにキャラクター文化が社会に完全に定着し、隆盛を極める一方で、八八〜八九年には宮崎勤による「連続幼女誘拐殺人事件」が発生、オタクバッシングが猛威を振るうことになる。

九〇年代後半には「ハローキティ」の大ブームなど、キャラクターの大人マーケットへの急速な拡大が起こる。この背景には、テレビアニメ全盛期に子ども時代を過ごしたキャラクター世代が十代後半から二十代になったことが挙げられる。大人になってもキャラクターを持つことを許容する日本独特のカルチャーがそれを後押しした。
二〇〇〇年以降、キャラクターは様々なメディアから生まれ、かつての人気キャラクターのリバイバルなども含め、様々な商品やサービスへと展開される。キャラクタービジネスはまさに円熟期を迎え、現在に至るのである。

ここに挙げた事例は代表的なトピックだけではあるが、それにしても、キャラクターに関心のないごく普通の人たちでさえ、知らないアニメやマンガはまずないだろう。商品や小説、映画ではおそらくそうはならない。そのくらい、キャラクターはぼくらの生活と密接に関わってきたし、幼少の頃の幸福な記憶の中に深く刻み込まれているものなのである。

こういったキャラクターとの強いつながり、記憶に深く刻み込まれたキャラクターとの幸福な関係が、ぼくらのその後の生活意識に少なからぬ影響を及ぼしていることは間違いないだろう。キャラクターと日本人との歴史的な蜜月が、「社会のキャラ化」を準備する一因になったのである。

日本人のキャラクター所有率は七九パーセント

どうやら、ぼくら日本人はキャラクターととても深い関係にあるらしい。

ことによると、生身の人間よりも、薄っぺらで中身のないキャラクターのほうに、より強い愛情を感じているのかもしれない。

「キャラ化するニッポン」の、その根っこには、このキャラクターへの強い愛情の存在がある。

今では、街でキャラクターやキャラクターグッズを見かけない日はない。

たいていの人の携帯電話やバッグにはキャラクターのマスコットがぶらさがっているし、会社のデスクにはフィギュアやボトルキャップのキャラクターたちが置かれ、使われている手帳やメモパッドにもたくさんのキャラクターが印刷されている。

わざわざアキバまで行かなくても、コンビニやスーパーにキャラクターグッズは山のように積まれているし、映画館やテレビにもキャラクターのアニメがいっぱいだ。

キャラクター・データバンクの調査によれば、日本のキャラクター商品市場は約一兆六千億円にも及ぶ(図1)。また、アニメの興行収益など、商品以外の市場も合わせると四兆円を超すとも言われている。

図1　キャラクター商品の小売市場規模推移

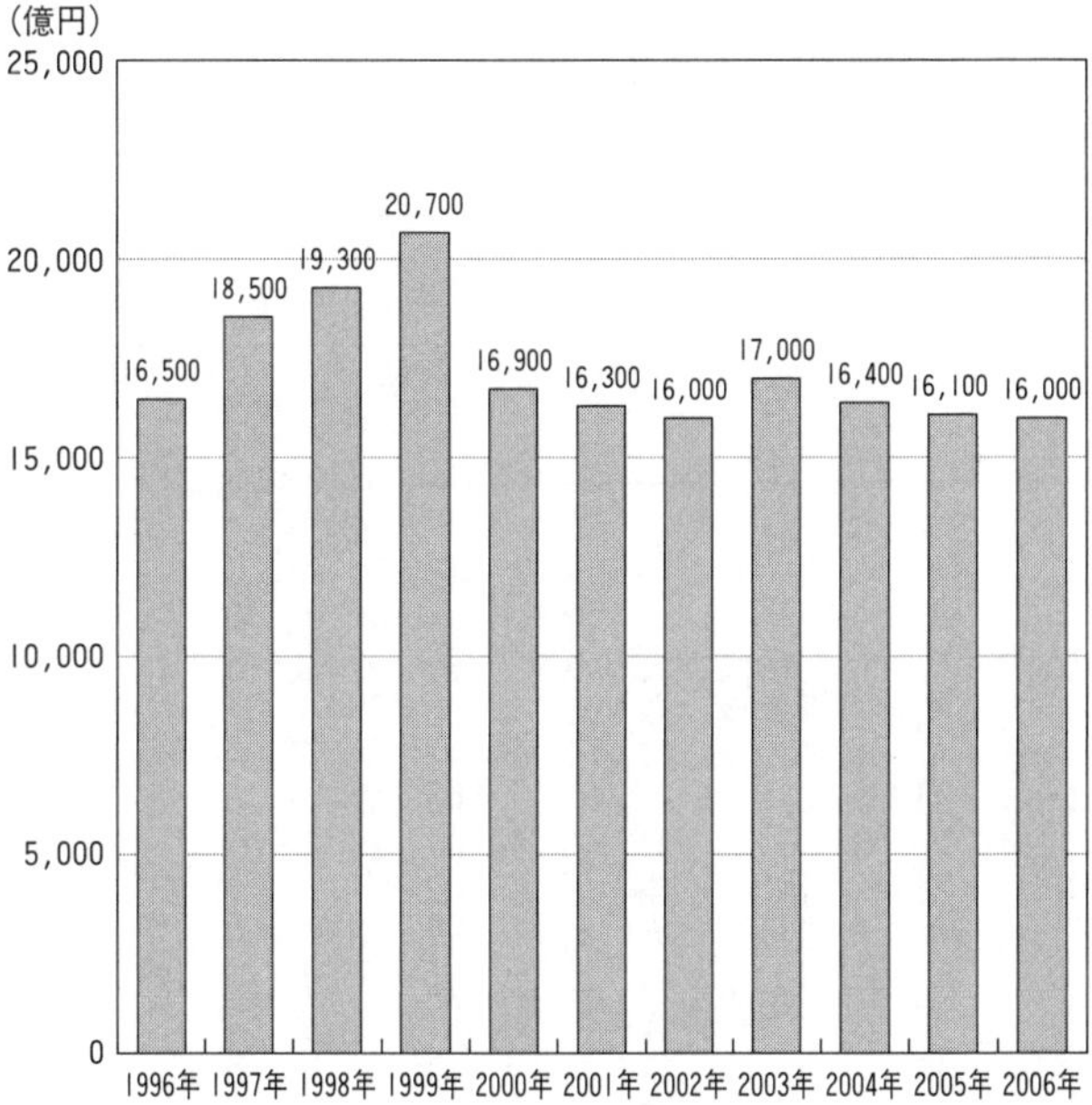

出典：キャラクター・データバンク

まさに「キャラクター大国ニッポン」だ。

キャラクターとぼくら日本人との深い関係を読み解くにあたって、とても興味深いデータがある。

バンダイキャラクター研究所が行ったキャラクターと現代人に関する調査だ。この調査は二〇〇四年一一月に実施され、調査対象者は三歳から六十九歳の男女千二百十人である

図2　キャラクター商品所有率と好意率

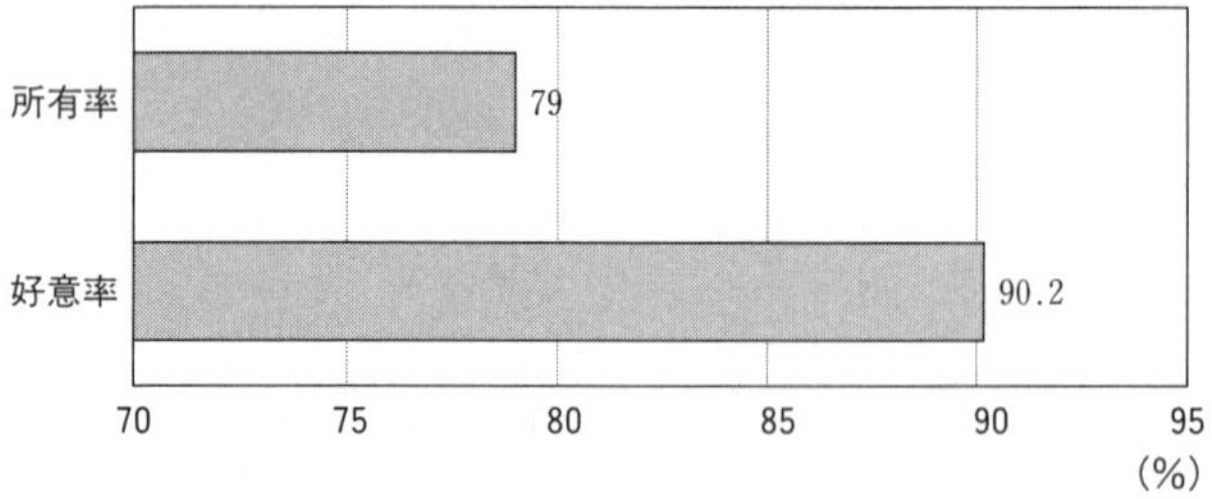

出典：バンダイキャラクター研究所

（なお、ほぼ同様の調査は二〇〇〇年にも行われている）。

この調査によれば、なんらかのキャラクター商品を所有している日本人は調査対象者の実に七九パーセントにも及んでいる。つまり、五人に四人はなんらかのキャラクター商品を持っているということになる。

また、商品の所有にかかわらず、なんらかの好きなキャラクターがあるという人は、さらに増えて、調査対象者の九〇・二パーセントにもなるのだ（図2）。

まさに、日本人はキャラクターを愛してしまっているのである。

比較できる海外のデータがないのが残念だが、九〇パーセントを超える国民がキャラクター好きという国は、おそらく日本をおいて他にはないだろう。

なぜ、かくも日本人はキャラクターが好きなのか。

図3　性年齢別キャラクター商品所有率

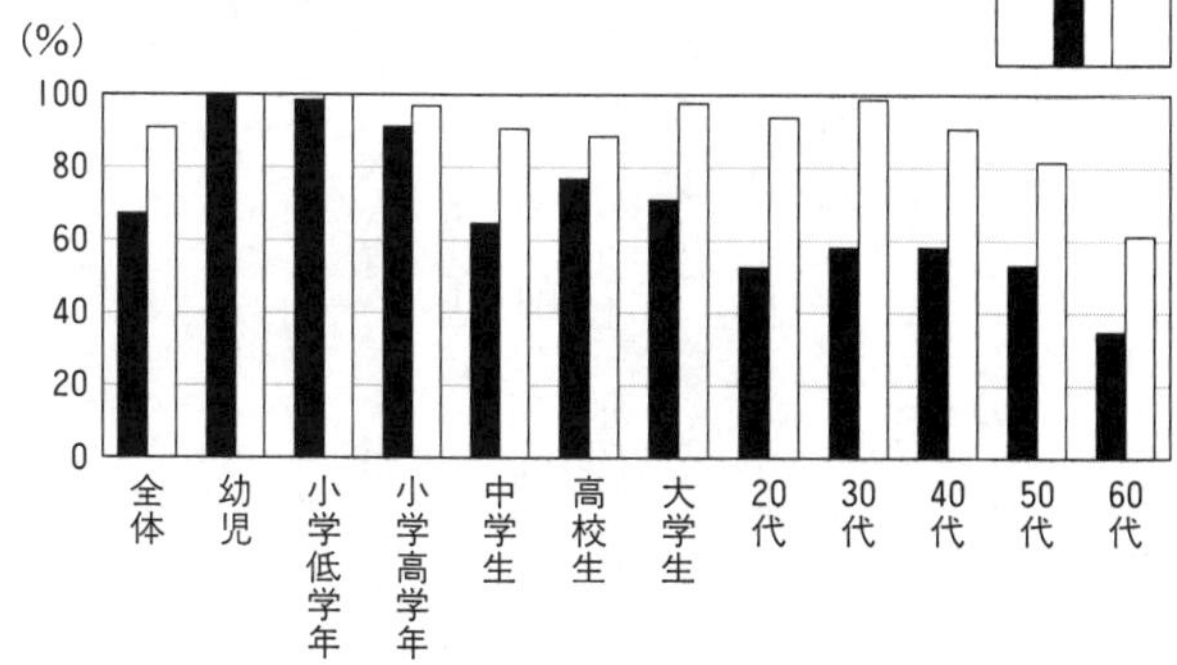

出典：バンダイキャラクター研究所

それを考える前に、もう少しキャラクター商品所有の実態を細かく見ていきたい。キャラクター商品所有率を性年代別で見て、驚くのは、大人たちの所有率の高さだ（図3）。キャラクターは子どものもので、大人になるに従って卒業していくものと思っている人がまだいるとしたら、認識を改めてもらわないといけない。もはやキャラクターは、老若男女を問わず日本国民すべてにとって欠かせない存在になっているのである。

スタジオジブリの映画に大人たちがこぞって足を運び、「機動戦士ガンダム」のフィギュア作りを父親たちが楽しむ。ガシャポンの前に大人がかがみこんで、ガチャガチャやっていても、誰も白い目で見る人はいない。

これがキャラ大国ニッポンの現実だ。

子どもの頃はお金がなかったり、親からダメと言われて買えなかったキャラクター商品が、大人になって堂々と買えるようになったのだ。キャラクターで育った大人たちが指をくわえているわけはない。

今では子ども向けのキャラクターと大人向けのキャラクターのすみ分けが進んだり、いわゆる「大人買い」を狙った商品をメーカーが積極的に展開するなど、もはやキャラクターは大人のものと言ったほうがいいような状況になっている。

二〇〇六年三月に発売された「コンプリートセレクション仮面ライダー新1号　変身ベルト」は、一九七一年四月から二年間にわたりテレビ放映され国民的大ヒットを記録した「仮面ライダー」の変身ベルトを再現し、三万一千五百円という高額にもかかわらず、三十~四十代の男性たちからの圧倒的支持を得た。

大の大人がライダーベルトを腰に巻いて「へんし~ん!」なんてやっている姿を想像すると苦笑してしまうが、キャラ好きのおじさんたちにとってはまさに子どもの頃の夢がかなったということなのである。

日本人がこれだけキャラクター商品を所有する背景にあるのは、キャラクター文具の広がりだ。

スーパーや百貨店の文具売り場に行くと、キャラクターがデザインされたノートやけしゴム、下敷きやファイルなどであふれかえっている。ぼくらは、もうその光景を至極当たり前のようにして見ているが、これは実は極めて日本的な光景だと言っていい。

欧米では、日本のようにキャラクター文具は広まっていない。お店には日本人から見たら無味乾燥なデザインのペンやノートがたくさん並んでいるだけだ。

日本では文具は単価が安く、子どもたちが比較的簡単に試し買いできるという特性もあって、キャラクターが社会に広がる大きな原動力ともなっているのだ。

キャラクター好きな母親たち

おもしろいことに、性年代別に見て最もキャラクター商品所有率が高いのは、子どもたちを除けば、僅差ではあるが三十代の女性だ。

彼女たちは、いわば母親世代だ。子どもたちに「キャラクターなんかで遊んでる暇があったら、もっと勉強しなさい」と言っているはずの母親たちが、実は最もキャラクター好きで、実際に多くの商品を所有しているというわけだ。

しかし、これも考えてみれば、むしろ当たり前のことかもしれない。

三十代の女性は、生まれたときからアニメやキャラクターに囲まれて育った、まさにキャラクター黄金世代だ。テレビアニメが全盛だった頃に幼児期を過ごした彼女たちにとって、キャラクターは何にもまして欠かせないものだと言っていい。だから、携帯電話やインターネット、ファッションやお化粧など、関心領域が多様化している今の少女たちに比べてキャラクターへの愛着度が高いのだ。

また、彼女たちは一九九七年に起きた「ハローキティ」の大ブームをリードした層でもある。大人になったらキャラクター離れをするどころか、ますますキャラクター好きが過熱している。さらに、母親になったことで、子どもを通じて再びキャラクターとの接触が頻繁になってもいるといった状況なのだ。

また、もうひとつ注目すべきは五十代女性の所有率が八三・六パーセントと若い女性たちとあまり差がないことだ。このシニア層にまでキャラクターが広がっているという現状も「キャラクター大国ニッポン」を象徴する事例だと言っていい。

キャラクターは、一般に親しみやすく、わかりやすく、楽しいものだ。だから子どもの頃キャラクターと馴染みのなかったシニア層でも、キャラクターが好きになる素地は十分にあるというわけだ。

もちろん、六ポケット、一〇ポケットと言われる時代だから、今のシニア層の女性は孫とのコミュニケーションも活発である。そんな彼女たちにとって、キャラクターは子どもたちとの重要なコミュニケーション・ツールともなっている。

しかし、なにより重要なのは彼女たち自身がキャラクターを愛しているということだ。シニア層の女性は子育てが終わり、人生の岐路に立つ年齢だ。今の五十代の女性といえば多くは専業主婦で夫は企業戦士である。彼女たちはひたすら家庭のこと、子どものことに明け暮れてきたはずだ。

そんな彼女たちにとって、五十代という年齢は子どもが成長して巣立っていき、ぽっかりと心に穴が開く時期でもある。家でひとりぼっちで時間を過ごすことが増えもする。これも第二章で詳述するが、そんな彼女たちにとって、キャラクターの存在が新しい「人間関係」をもたらしてくれる。そして、それはやがてかけがえのない関係へと成長していくのだ。

一方、男性は幼児から小学生が九〇～一〇〇パーセント、中学生～大学生が七〇パーセント前後、そして大人は五〇パーセント前後といった感じだ。最も低いのは当然ながら六十代で三四・五パーセントだが、考えようによっては六十代でも三割がなんらかのキャラクターを所有しているという数字は正直驚くべきものと言っていい。

図4　キャラクターに対するネガティブイメージ

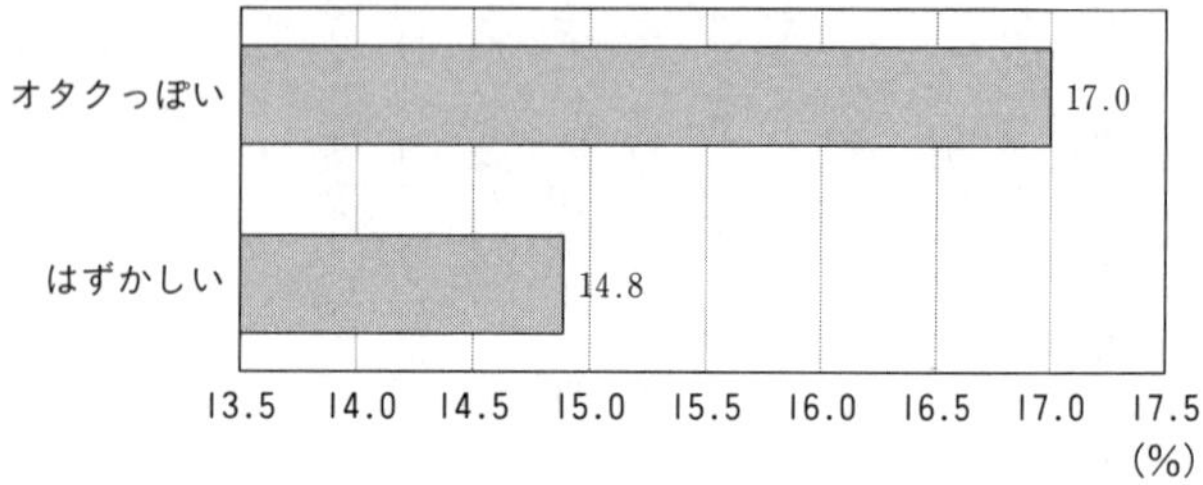

出典：バンダイキャラクター研究所

キャラクター好きの下の世代がシニアになっていく今後、この数字はさらに増えることは間違いない。

まさに一億総キャラクター好きの様相を呈していくのだ。

「キャラクター大国」の実態は、所有率に限った話ではない。

かつては強くあったと思われる、キャラクターに対する社会的なネガティブイメージも、今では急速に低下している。

前述の調査でも、「キャラクター商品を持つことはオタクっぽい」と感じる人は一七パーセント、「キャラクター商品を持つことははずかしい」と感じる人は一五パーセント弱と、キャラクターに対する否定的な意識はもはや一割台にとどまっているのだ（図4）。

日本人はキャラクターに何を求めるのか

かくもキャラクターは、ぼくら日本人の生活の中に深く入り込んでいる。
では、ぼくらはいったいキャラクターに何を求めているのだろうか。

バンダイキャラクター研究所では、キャラクターが提供する精神的効能についても調査研究を行っている。それによると、キャラクターから得られる効能としては次の八つが代表的なものと考えられる。

①やすらぎ
キャラクターと一緒にいることで心がやすらぎ、癒される効能

②庇護
キャラクターから守られていると感じる効能（①を強化したもの）

③現実逃避
キャラクターと一緒にいることでいやなことが忘れられる効能

④幼年回帰
キャラクターを通じて、楽しかった子ども時代の記憶に浸れる効能
⑤存在確認
キャラクターに自己投影することで、自分を確認し、自信が持てるようになる効能
⑥変身願望
キャラクターになりきる（変身する）ことで、満足感を得られる効能
⑦元気・活力
キャラクターと一緒にいることで元気や活力が湧いてくる効能
⑧気分転換
キャラクターと一緒にいることで軽い気分転換ができる効能

このうち〈やすらぎ〉から〈幼年回帰〉までを「癒し系」、〈存在確認〉は単独で「存在

確認系」、そして〈変身願望〉から〈気分転換〉までを「活力系」として、大きく三つに分類することもできる。

ここからは、まずこの八つの効能について、詳しく見ていこう。

キャラクターが提供する精神的なやすらぎ

まず〈やすらぎ〉だが、これはいわゆる「癒し」的な効能と考えていい。

好きなキャラクターがそばにいることで心が落ち着いたり、くつろいだり、精神的な安定が得られるという効能である。

ただの平面だったり人形だったりするキャラクターに、やすらぎを感じるというような心理を、奇異に思う人も少なくないかもしれない。しかし、どうやら現代人たちは生身の人間よりキャラクターのほうに精神的絆を感じているようなところがある。だから、そばにいると安心するというわけだ。

ではなぜ、人間よりキャラクターのほうに絆を感じるのか。

それは、ストレス度を増す人間関係が生んだ結果なのかもしれない。

なぜなら、この「やすらぎ」という効能は、本来家族や友だち、つまりは生身の人間との関係の中で充足されるはずのものだ。しかし、コミュニケーション不全とも言われる現代社会においては、人間同士のコミュニケーションや信頼関係、精神的絆はますます形骸化し、維持が困難になりつつある。その結果としてキャラクターとの関係が深まるというわけだ。言ってみれば、キャラクターは家族や友だちの代替物として現代人の心に欠かせない位置を築いているのである。

この「やすらぎ」という効能を求める傾向を年代的に見ると、特に小学校高学年女子と三十～四十代女性で高くなる傾向にある。

ここで、「癒し」の代名詞的な存在である二十代女性が突出しないのは、彼女たちの周りには他の癒しグッズがたくさんあるからだと思われる。

キャラクターに見守ってもらいたい

次に〈庇護〉という効能について触れてみよう。

これは、好きなキャラクターと一緒にいることで「キャラクターから見守ってもらえている」「キャラクターに自分のことを理解してもらえている」といった意識を感じる効能である。

ここでは、「やすらぎ」に比べてキャラクターと人間の関係はより強く結びついていると言っていい。

病的なイメージさえ感じさせる効能ではあるが、実際に、小学生の女子、特にストレス度の高い子どもたちの間で顕著に見られる効能なのである。

　未就学の小さな子どもがぬいぐるみに一生懸命話しかけ、一見コミュニケーションが成立しているかのような会話をしている光景を目にすることはめずらしくない。そこには、大人では計り知れない特有の強い関係性が見てとれるのだが、そういった幼児期の関係が、成長してもそのまま、あるいは環境変化の中でより強い絆となって形成されていると考えることもできそうだ。

　実際、前述の調査によれば「キャラクター商品に話しかけたり、心の中でつぶやいたりすることがあるか」という質問に対して、「毎日のようにある」と答えた人が四・五パーセント、「時々ある」と答えた人が一二・二パーセント、「たまにある」と答えた人が一五・七パーセントと計三二・四パーセントの人がＹＥＳと答えているのである（図5）。

　また、「キャラクター商品に話しかけるときに感じる気持ち」としては、「元気を与えてくれているような気になる」五九・四パーセント、「いっしょに喜んでくれているような気になる」五五・六パーセント、「どんなことでも受け入れてくれているような気になる」五〇・八パーセント、「なぐさめてくれているような気になる」四八・二パーセント、「絆（結びつき）を感じる」三五・二パーセントなどとなっている（図6）。

図５　キャラクターに話しかけることがあるか

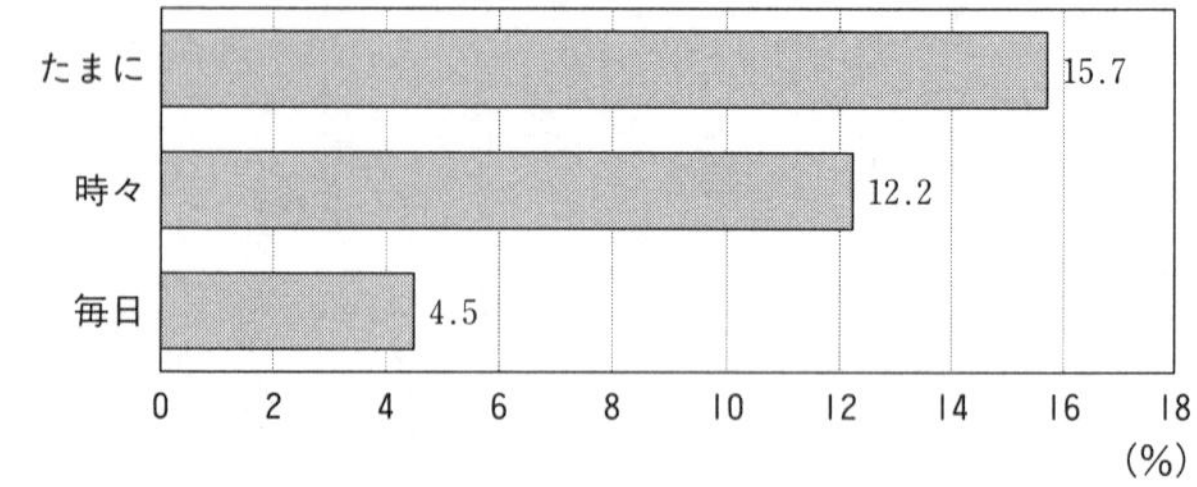

出典：バンダイキャラクター研究所

図６　キャラクター商品に話しかけるときに感じる気持ち（複数回答）

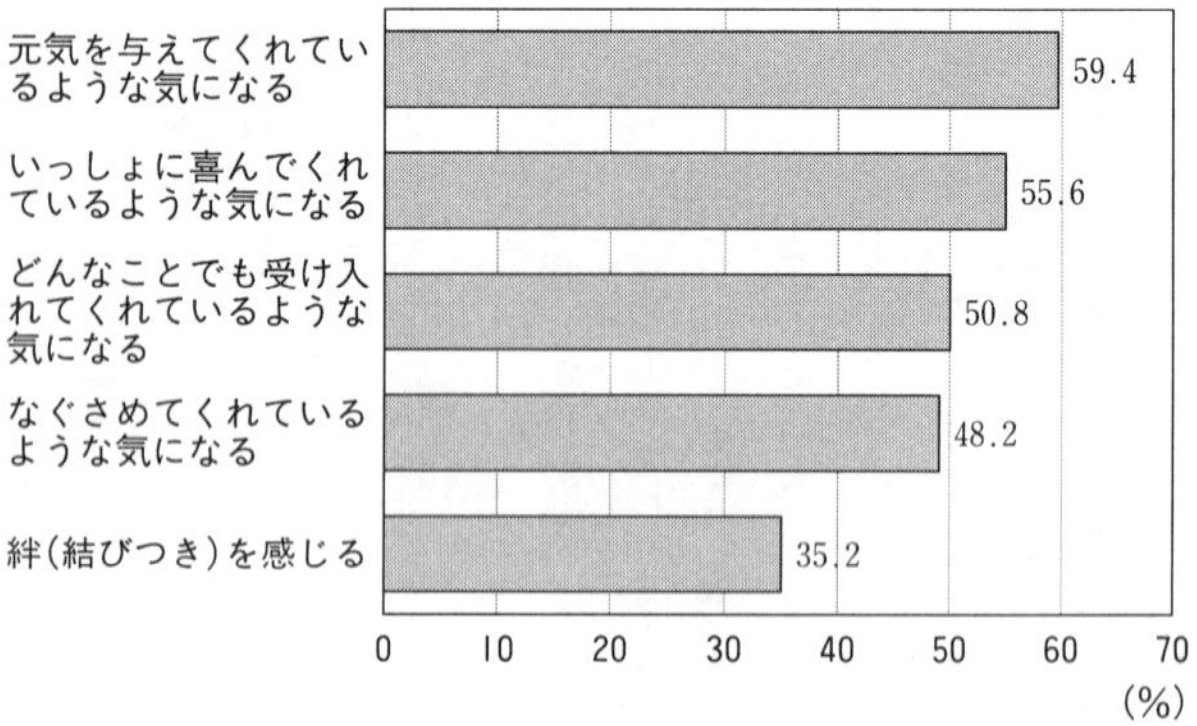

出典：バンダイキャラクター研究所

ここからも、ぼくら現代人がキャラクターに自分のことを受け入れてもらい、時に元気をもらったり、なぐさめられたりということを通じて、絆を形成している姿が見て取れるのである。

移行対象としてのキャラクター

こういった傾向は「移行対象」の大人化とでも呼ぶべき現象だ。

移行対象とは、一般に一〜三歳くらいの自我形成期において、母親との分離不安を埋めるものとして、母親の肌あるいは存在イメージに類似した「やわらかく」「あたたかい」ものを一日中手放すことができなくなる現象を指す。『ピーナッツ』に出てくるライナスはいつも汚い毛布をぶらさげているが、この「ライナスの毛布」が移行対象物ということになる。

たいていの場合、一年かそこらでこの分離不安は解消し、移行対象物も必要ではなくなるはずなのだが、母子密着など母親との不健全な関係、いじめや虐待、ストレスフルな人間関係などの影響から大きな意味での母なるものとの分離不安がその後も解消せず、移行対象物を手放せない子ども、あるいは大人が多数出現しているという。

巷《ちまた》に氾濫するキャラクター商品の存在がかえって潜在的にあった現代人の分離不安、移行対象欲求を顕在化させたとも言える。

キャラクターがまるで「母親」のようにいつもそばに寄り添い、そうでないと安心して生活できない、そんな現代人たちが多数生まれているということなのかもしれない。

ぼくら日本人がキャラクターを心から愛し、信頼し、片時も手放せない理由がここからも見えてくる。

また最近の母親は、自分の子どもの発達が他の子と比べてどうなのかを異常なまでに気にかけるという。そして、順調なときはまだしも、少しでも成長が遅れると、とたんに心配になり「うちの子は大丈夫だろうか」と不安のまなざしを向ける。それが激しくなると、ネグレクトや虐待につながっていく。

母子密着、過保護の一方で、母親たちは子どもに対する絶対的な信頼、絶対的な愛情を持てずにいるのである。

全幅の信頼をかけてくれるはずの母親から常に不安、不信のまなざしを向けられる子どもたちは、当然強い不安を抱えたまま成長する。いつも自信がなく、警戒心が強く、過剰な防衛本能がキレへとつながるのだ。

子どもたち、そして、そうやって育った若者たちが移行対象としてのキャラクターを手放せない、そこに深く依存してしまうのは仕方のないことなのかもしれない。自己中心的に育った彼らにとって、キャラクターは愛情、信頼の対象であると同時に、安全で支配可能な対象でもあるのだ。

キャラクターによる現実逃避と幼年回帰

次は〈現実逃避〉である。

これは、キャラクターと向き合うことで、いやな現実を忘れ、ファンタジーの中に逃避できるという効能である。

具体的には「さびしさがまぎれる」「いやなことが忘れられる」「夢の世界に入っていける」といった効能の総称になっている。

この「現実逃避」は大きな意味ではファンタジーそのものの特性と言ってもよく、あらゆる効能のベースになるものと考えることもできる。

これは、小学校高学年男女とシニア層の女性で比較的高い効能だ。小学生はストレスフルな人間関係や様々な規制から、シニア層は退屈な日常や老いへの不安といったものからの逃避と考えられる。

次は〈幼年回帰〉である。

これは、キャラクターを通じて楽しかった子ども時代を思い出し、その記憶に浸ることで幸福感を感じる効能である。

今、社会全体が子ども化を強めている。

少子化の進展によって起きつつある「子どもの希少価値化」、それに付随する子ども関連市場の隆盛など、社会の注目は子どもに集まっている。その一方で、フリーターやニートなど、大人になれない大人が大増殖してもいる。前述の移行対象物を捨てられない大人たちもまた、大人になれない大人の一種だと言ってもいい。

これは幼年回帰というよりはむしろ幼年維持傾向とでもいったほうがよさそうな現象なのだが、その中心にあるのがキャラクターなのだ。その意味では、キャラクターの大人買いを支える効能と言ってもいいかもしれない。

キャラクターに幼年回帰の効能を特に求めるのは、年代的には二十代の女性、三十〜四十代の男性、そして五十〜六十代の男性という傾向がある。

存在確認、変身願望、元気・活力、気分転換

次は〈存在確認〉だ。

これは、キャラクターを通じて自分という存在を確認する効能と言っていい。

「自分らしさを表現できる」とか「自分に自信が持てる」といった効能も含まれると考えられる。

好きなキャラクターと自分を重ね、そのキャラクターを通じて自分の個性を相手に伝えたり、そのカッコよさや強さを自分のものと考えることで自信を持ったりという意識は、子ども時代であれば誰もが経験したことのあるものとも言える。

その意味では、キャラクターやヒーローが提供するスタンダードな効能でもあり、ある種の通過儀礼的な要素を持つものと言ってもいい。

これは小学生の男女を筆頭に、中高生でも顕著に高くなっている。

次が〈変身願望〉だ。

これは、〈存在確認〉をさらに強化した効能と言える。

〈存在確認〉が「今の自分に自信を持つ」とか「今の自分らしさを表現する」ものであるのに対して、〈変身願望〉は今の自分には満足せず、「違う自分、もっと強く、もっとかっこよく、時にもっとおもしろい自分になりたい」という思いである。それがあこがれのキャラクターと重なり合うのだ。アクションヒーロー等のキャラクターへの強いあこがれと、それに対する自己同一化の願望と言ってもいい。

小学生、中高生の男子で顕著に高い効能であり、「戦隊シリーズ」「仮面ライダー」「ウルトラマン」「機動戦士ガンダム」などキャラクタービジネスの中心をなすキャラクターの人気は、多くこの効能に支えられている。

また、女子でも「セーラームーン」「ふたりはプリキュア」などといった強いあこがれを喚起するキャラクターはここに属すると言っていい。

次は〈元気・活力〉だ。

これは、キャラクターとの関わりを通じて、日常生活への活力が得られるというもので、最もベーシックな効能と言っていい。「キャラクターと接することで元気が出る」「キャラクターと接することで前向きに生きていく勇気が湧いてくる」といった効能なのだ。

これには、キャラクターが本来持っているポジティブで明るいイメージが寄与しているとも考えられる。

これもキャラクターマーケットを支える前提とも言っていい効能である。

この「元気・活力」は、年代的には中高生男子や小学生男女で高くなっている。

最後が〈気分転換〉だ。

これも〈元気・活力〉と同様、極めてベーシックで、日常的、そしてある意味では健全な効能だ。具体的には、「変化のある毎日を過ごせる」だとか、「気分をリフレッシュできる」といった効能だと言っていい。

この効能は、年齢的には、小学生女子と中高生男子で高くなっている。

キャラクターに癒しを求める日本人

以上、キャラクターに求められる基本的な効能について見てきた。

では、これらの効能の中で、年代を超えて日本人に最も強く求められている効能とはなんなのだろうか。

キャラクターと言えば「楽しい」「おもしろい」「かわいい」など、エンタテインメントなものというイメージが強い。したがって、当然前記の八つの効能の中で最も求められるのは、〈元気・活力〉や〈変身願望〉〈気分転換〉といったものだと考える人が多いのではないだろうか。

しかし、実際は違う。

「キャラクター商品を持つことで得られる効能」について聞いた質問で、トップになったのは「やすらぎ」だったのである。この結果は前述の二〇〇四年のときの調査だけでなく、実は前回二〇〇〇年に行った調査でも同様だった。

調査結果を見ると、やすらぎ以外でも気持ちが「やさしくなれる」とか「さびしさがまぎれる」といった癒し的なキーワードが上位に並んでいる。ぼくら日本人はキャラクターに「やすらぎ」を求め、キャラクターと暮らすことで「やすらぎ」を得ているのである(図7)。

キャラクターがこれほどまでに日本人の生活に浸透し、これほどまでに日本人にとってなくてはならないものになっている理由が、実はここにある。

確かに、キャラクターと言えば、かつてはエンタテインメントな要素が強かった。キャラクターやキャラクター商品が登場し、子どもたちがその世界に魅了されていった時期だ。キャラクターは、新鮮な楽しさを子ども時代のぼくらに提供してくれたのである。

しかし、キャラクターが社会に広がって五十年が過ぎようとしている。キャラクターで育った第一世代は、早ければ孫を持つ年代に達している。キャラクターが子どもだけのものではなく大人へと広がっていく中で、キャラクターに求められる効能もまた大きく変化していったのである。

キャラクターに、エンタテインメントな要素だけでなく、よりサイコロジカル(精神的)な要素、癒しややすらぎ、庇護といった効能が求められる方向へと強くシフトしていった

図7　キャラクターに求められる効能（複数回答）

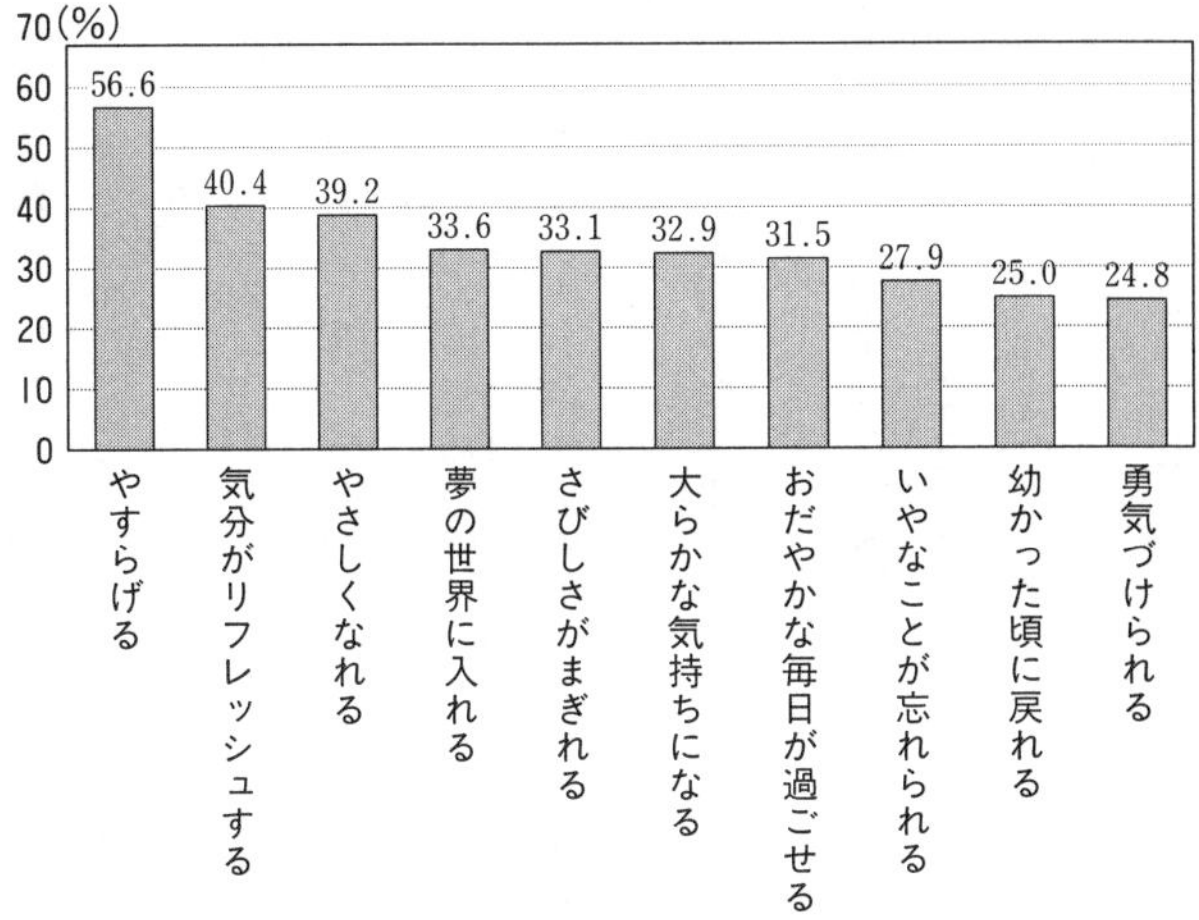

出典：バンダイキャラクター研究所

のは、実は一九九〇年代後半以降のことと考えられる。

それは、キャラクターが本格的に社会に広がった一九七〇年代に子ども時代を過ごした人たちが、大人になった時期と重なる。つまりこの十年ほどの間に、キャラクターは子ども中心のファミリー向けのものから、大人も含めた、よりパーソナルな傾向の強いものへと変化していったのである。

大人が、パーソナルな嗜好（その代表が癒し）のためにキャラクター商品と接触し、キャラクターを楽しむようになれば、当然そこには、子どもたちだけがターゲットだった頃には考えられない様々な心理的ベネフィットが期待されることになる。つまり、「楽しさ」や「おもしろさ」だけでなく、もっと内面的なもの、精神的なものを求めるようになっていくのである。

もしキャラクターが単なるエンタテインメントなだけのものであれば、もちろん一定数の好きな人はいても、これほどまであらゆる年代に愛好者が広がることはなかったのではないだろうか。

おそらく、最初はかわいい、楽しいといった単純なベネフィットで接していたキャラクターとの関係が、日常生活の中で接触を繰り返すことで徐々にその深度を深め、やがては精神的な絆のようなものが生まれていったのだろうと考えられる。当然、そこには複雑化する現代社会のあり様《よう》も重なり合っていったのである。

ハローキティに始まった大人買い

前述したように、こういった傾向が顕著になったのは一九九〇年代後半からだと考えられる。特に一九九七年前後に起きたハローキティの大ブームが、その後のキャラクターの大人買いといった潮流の大きな端緒になったと言ってもいい。

ハローキティは一九七四年、ビニール製のプチパース(小銭入れ)のデザインとして誕生した。初代の作者は清水侑子である。以来、長く人気キャラクターではあったが、一九九〇年代後半になって、突然のように社会現象とも言える一大ブームを巻き起こしたのである。

この中心にいたのは当時の女子高生、女子大生、そしてOLたちだ。

彼女たちは言うまでもなく、ハローキティとともに幼少期を過ごした第一次世代だ。子どもの頃に親しんだハローキティに大人になって再び飛びついたのである。

高校生や大学生が「かわいい」といってキャラクターグッズを持つことは、今ではごくありふれたことだ。子どもより、むしろ彼女たちのほうがメインターゲットとさえ言える状況でもある。

しかし、当時のそれは、考えてみれば昨今盛んに取り沙汰される「大人の子ども化」につながる象徴的事件だったとも言えるし、以後キャラクターを「大の大人たち」が堂々と持って歩く免罪符を作ったとも言えるのだ。

当時、アメリカではガーリー・ムーブメントと言われる、大人になっても少女趣味的な価値観を捨てない生き方を標榜《ひょうぼう》するライフスタイルが一世を風靡《ふうび》し、今は有名映画監督となったソフィア・コッポラなどが華々しく活動を始めたときでもある。日本でも若い女性たちを中心に少女カルチャーが一気に花開いた時期だ。

大人になっても少女的な価値観を大切にする、そんな生き方のシンボルがハローキティだったとも言えるのだ。

その後、「たれぱんだ」や「すしあざらし」など、いわゆるファンシーキャラクター、癒し系キャラクターが続々と登場し、大きなマーケットを作るが、その中心的なターゲットは子どもではなくむしろ若い、大人の女性であった。ファンシーキャラクターの広がりが、大人たちがキャラクターと深い関係を作る機運になったのである。

キャラクターと過ごす夜は快適か

ところで最近、「キャラクタープラン」というホテルの販促企画をよく目にする。

こういった企画では、たいていの場合、ベッドカバーやシーツはもちろん、歯ブラシやタオル、コップやスリッパなど、部屋の備品がすべてキャラクターで統一されている。

キャラクターに興味のない人であれば、部屋中キャラクターでは落ち着かないと思うだろう。しかし、キャラクター好きにとっては、これはたまらない空間ということになる。

年間を通じて、あるいは夏休みなどの期間限定でこういった企画は様々に実施されている。

もちろん、こういった企画もキャラクターがエンタテインメントなだけのものだとしたら成り立たないだろう。なぜなら、この企画はアトラクションにキャラクターを使うというものではなく（もちろんそういう企画もたいていは連動しているが）、くつろいだり、眠ったりする部屋にキャラクターが「いる」という内容なのだ。もし、キャラクターがエンタテインメントなだけのものだとしたら、ちっともくつろげないということになってしまう。

しかし、前述の調査結果からもわかるように、今やキャラクターは人々に最高の「やすらぎ」を提供するものになっているのだ。だからこそ、こういった企画は成り立つ。キャラクターが「やすらぎ」を人々に提供するものだからこそ、ホテルにとってキャラクターを使わない手はないということになるのだ。

言うまでもなく、ホテルも人々にやすらぎを提供する場所なのだから。

以上見てきたように、キャラクターとぼくら日本人とは、表面的な「楽しさ」「おもしろさ」といったことではない、より深く、強い関係で結ばれているのである。この本では、あえて詳しく論じるつもりはないが、もちろん、社会に急速に広がるオタクたちにとってのキャラクターとの関係はさらに深いものがある。

「キャラ化するニッポン」の前提には、このようなキャラクターを手放せない多くの日本人たちの姿があるのである。

第二章　大人も子どももキャラクターの虜《とりこ》

キャラクターは父親や親友よりも安心できる存在

本章では、もう少し深く現代社会とキャラクターとの関係を見ていきたい。

言うまでもなく、現代は極めてストレスフルな社会である。職場、家庭、学校の人間関係はますます困難さを極めている。様々な格差の問題も取り沙汰されるが、解決の方策は一向に見えてこない。

その中で、特に子どもたちのストレスは大きい。

「いじめ」や「自殺」の問題が再び注目を浴びているが、学校という閉ざされた空間の中でのハイリスクな人間関係は、大人の想像を超えるストレスに満ちた社会だ。教師による事件も頻発し、親による虐待事件も後を絶たない。まさに不幸な時代である。

そんな彼らの心の支えとなっているのがキャラクターなのである。

バンダイキャラクター研究所が行った調査でも、ストレスとキャラクターとは密接に関連していることがわかっている。

ストレスを感じている子どものほうが、そうでない子どもに比べて「キャラクターに対する愛着度」が高いという調査結果も出ているし、また、ストレスを感じている子どもは、そうでない子どもに比べて、キャラクターに「自分のことを見守ってもらえている」

図8　ストレス度の高い小学生が安心できる存在は？

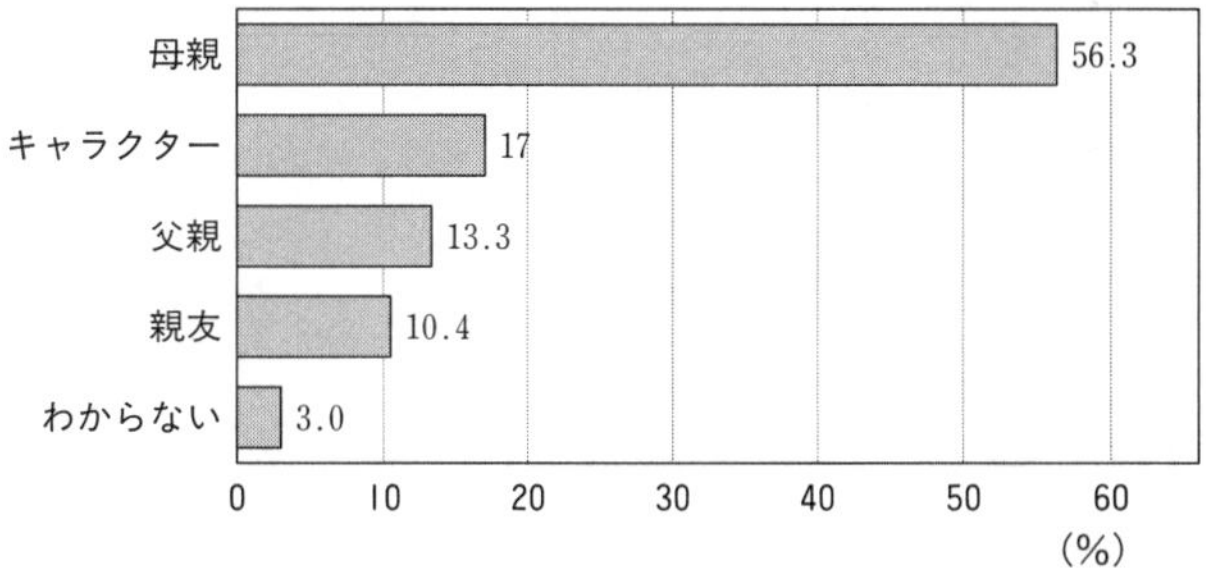

出典：バンダイキャラクター研究所

という〈庇護〉の効能を求める比率が目立って高いこともわかっている。

社会に対して強いストレスを感じている子どもたちにとって、心を許せる、あるいは精神的な拠り所となる存在がキャラクターなのだ。

さらには、こんな調査結果もある。

「母親、父親、親友、キャラクターの四つの中で一番安心できる存在はどれですか」という質問をストレス度の高い小学生の子どもたちにしたところ、驚くべき結果が出たのである。当然ながら一位は母親だったのだが、それに続く二位が父親や親友ではなく、なんとキャラクターになったのである（図8）。

つまり、子どもたちにとって、キャラクターは父親や親友よりも心を許せる、安心できる存在だということなのだ。ふだん子どもとの接触が少ない父親はともかく、最も仲のいいはずの親友がキャラクターよりも安心できないという この調査結果に、現代の子どもたちが置かれている人間関係の過酷さを感じ取ることもできる。

調査などで、子どもたちに「親友は何人いる?」と聞くと、三十人、五十人、極端な場合は百人といった答えが返ってくる。親友というものの存在を今の子どもたちはよくわかっていない。それはもしかすると、親友という存在を持ったことがないからなのかもしれない。つまり、厳しい人間関係を生きる彼らにとって、本当に心を許せる友だちはいないということなのだ。

逆に「友だち」はいつでも敵やいじめる側に回るリスクを持っている。誰かの悪口を仲のいい友だちに話したら、次の日にはクラス中にその話が広がって、それを元にいじめにあったという話はよく耳にすることだ。

子どもたちは、「友だち」が心を許してはいけない存在なのだということを厳しい人間関係の中で学んできてもいる。それがこういった調査結果となってあらわれているのだろう。

そして、そういった過酷な人間関係の中で、小さな体に抱え込むストレスを癒してくれる存在が他ならぬキャラクターなのである。繰り返すが、この結果からは、本来は家族や親友が提供すべき役割をキャラクターが代替せざるを得ないという現実がはっきりと見てとれるのである。

言うまでもなく、キャラクターはストレス社会に欠かせないものとして機能している。こういった子どもたちとストレス社会との関係も、現代の「キャラ化社会」と密接に関係しているのである。

悲しいときに一緒に悲しがってくれる

キャラクターの世界には、「むひょキャラ」という言葉がある。

無表情なキャラクターという意味だ。

実際に手にとって見てもらえばわかるが、一般にアメリカのキャラクターはアニメーション発ということもあり、多くは喜怒哀楽を強く表現した表情をしている。それは言うまでもなく、アメリカ人の国民性とも密接に関係している。

日本のキャラクター、特にハローキティに代表されるファンシー系のキャラクターは、それに比べて表情が乏しい＝無表情だと言われる。そういった無表情の日本のキャラクターを総称して、時に「むひょキャラ」と呼んだりするのである。

最近、こういった日本のキャラクターの無表情さ、無感情さを欧米では「クール」と捉え、高く評価する傾向が顕著なのだが、この日本のキャラクターの最大の特徴である無表情さが、実は、キャラクターに精神的な絆を求める人たちにとって重要なファクターになっているのである。

ハローキティに口がないのは有名な話だ。

ハローキティを好きな子どもたちに話を聞くと、よく、

「キティは自分が悲しいときは一緒に悲しがってくれたり、反対にうれしいときは一緒にうれしがってくれたりする」

という話をする。

つまり、キャラクターが無表情なため、かえって、子どもたちは自分のほうで勝手にキャラクターの表情を解釈し、自らの感情を様々に投影することができるという構造になっているということなのだ。前述した、キャラクターの持つ〈庇護〉や〈やすらぎ〉という効能が、実はそれだ。

人間関係に疲れ、傷ついたとき、親や友だちに相談すれば、いい意味でも悪い意味でも助言や苦言が返ってくるものだ。しかし、そういった助言や苦言で状況が改善されるほど、現代社会における人間関係は生易しいものではない。また、繰り返すが、いじめや人

間関係の悩みを親や友だちに打ち明けることはとてもリスクの伴うことだ。それによって、さらに人間関係が悪化したり、悪影響を及ぼす可能性だってある。

今の子どもたちは、そういったことにとても気を配る。いや、気を配らざるを得ない。だから、結局、誰にも相談できない、相談しないほうがマシということになるのだ。

その点、キャラクターは当然だが何も言わない。ましてハローキティは口がないのだから、何かを言えるはずもない。何も言わず、表情も変えず、ただじっとそばにいてくれる。そばにいて、ただじっと見守ってくれる。そして、前にも触れたように、自分が悲しいときは悲しい気持ちでいてくれる。

このように、残念ながら人間にはなかなかできない、本当の癒し、やすらぎを実は日本の「むひょキャラ」たちが提供してくれているとも考えられるのだ。

これは、何も子どもに限ったことではない。

ストレスが多いのは現代社会で暮らしていく以上、誰にとっても宿命だ。そんな現代人にとって、そばでじっと見守ってくれるキャラクターの存在はもはや欠かせないものになっている。

最近のオフィスを見ると、多くの人がデスクやパソコン周りにフィギュアやボトルキャップなどのキャラクターを置いている。中にはぬいぐるみなどを置いている人もいる。マウスパッドやスクリーンセーバーがキャラクターになっている人も少なくない。

人々は、こうやってキャラクターに囲まれて働くことで、実は無意識に精神的なやすらぎを得ているのだ。

そういえば「うなずきん」という商品さえあるくらいだ。

この商品は何かを話しかけると、小さく、こくりとうなずいてくれる。ただ、それだけの商品なのだが、OLたちにとても人気がある。

きっと上司やお局様に怒られたり、同僚との人間関係がうまくいかないとき、彼女は自分のデスクに戻り、「うなずきん」にそっと話しかけることでほっとするのだ。上司や同僚がどんなに冷たくても、「うなずきん」だけはやさしくうなずいてくれ、じっと見守ってくれる。彼女のことをちゃんとわかってくれているのだ。

キャラクターと人間の関係はここまできているのだ。

世話好きな女性のハートをがっちりつかむ

こんな例もある。

「プリモプエル」というおしゃべり機能を持ったぬいぐるみがある。一九九九年に発売されたものだが、シニア層の女性たちの間で根強い人気を誇っている。

このプリモプエルは、買った人がちゃんと世話をしたり、一緒に遊んでやらないといけないという、ちょっと面倒な商品である。ほうっておいたりすると「つまんない」とか「たいくつ」とか、わがままなことを言ったりもする。

しかし、逆に、こういった手のかかるところがシニア層のハートをくすぐる。「出来の悪い子どもほどかわいい」というやつだ。手間がかかるし、わがままも言うし、だから、よけいにかわいくて仕方がないのだ。

ということで、ファンの人はプリモプエルに手作りの洋服を着せたり、一緒に旅行に行ったり、果ては友だち同士で、我が子ならぬ、我が家のプリモプエルを自慢しあったりと、それはもう我が子以上の愛情を注ぐのである。

このプリモプエルのファンであるシニア層の女性たちは、前述したように、子育ても終わり、自由になった反面、ぽっかりと心に穴が開いてしまうような寂しさを感じる時期でもある。そんな彼女たちにとって、ぬいぐるみであれ、新しく世話を焼く対象ができたのである。かわいくないわけがないのだ。

ここにも先ほどの「むひょキャラ」に通じる人間とキャラクターの関係が見える。

プリモプエルは「むひょキャラ」たちと違って、実際に話をする。話はするが、それは玩具のそれなので、つたないものであることは言うまでもない。実は、そのつたなさがかえって関わる人間たちの感情移入を促進するのである。

ましてシニア層の女性たちは、もともと「お世話」をするのが好きな人の多い世代だ。つたない相手は「お世話」をしたい欲求を最大限に刺激する。そして、それはやがて愛情に変わるのだ。

これは、表面上はシニア層の女性たちがプリモプエルを庇護するという構造になっているのだが、実際は庇護しながら、庇護されているというか、庇護することでやすらぎを提供されているという関係なのだ。

ここでも、実際の人間では成立しないような、擬人的存在だから成り立つ、極めて現代的な、あるいはキャラクター的な関係を見ることができる。

「かわいい」は世代を超える

キャラクター、あるいはキャラクター商品が持つ重要な働きとして、コミュニケーションツールとしての機能がある。

現代人にとっての主要な関心事はコミュニケーションだと言ってもいい。一日の生活の多くの時間はコミュニケーションに費やされる。そして、そこでの成否はその人間の人生に重大な影響を与えるのである。

コミュニケーションには異なる世代間（親と子や孫、あるいは上司と部下など）でのタテのコミュニケーションと、同世代（友だちや同僚など）でのヨコのコミュニケーションとがある。そして、キャラクターはその両方の円滑化にも強力な力を発揮するのだ。

最近、二世代キャラ、三世代キャラという言葉をよく耳にする。

たとえば「仮面ライダー」のようなロングセラーキャラクターは親の世代が小さい頃に熱狂し、やがてその子どもの世代も虜になる。そんな世代を超えて支持されるキャラクターのことだ。

かつての親はキャラクターやアニメを毛嫌いしたが、今の親は総じてキャラクター好きである。親子で同じキャラクターのアニメを見たり、同じキャラクターのゲームをやったりということもめずらしくなくなってきている。ふだんはコミュニケーションが円滑でない親子関係も、キャラクターを通じて関係性を構築できるというようなことも生まれてきているのである。

ガンダム世代が親になったことで、親子でガンプラのモデリングをやるといったこともよく耳にするようになった。流通もそれに対応するように、今までアキバ（東京・秋葉原）でしか買えなかった商品が簡単にコンビニで買えたりするようになってきた。会社の帰りにガンプラを買って、家で子どもと遊ぶということが簡単にできる時代になったのであるる。

母親も同様である。

くまのプーさんでもハローキティでも、ミッフィーでもポケモンでも、「かわいい」という感覚に世代的なギャップはほとんど存在しない。小学生の娘と三十代の母親が、同じキャラクターグッズを「かわいい！」と取り合う図が当たり前になっている。

これもきわめて日本的な現象だと言っていいが、そうやって、親子間、世代間にキャラクターが欠かせないツールとして存在しているのである。

幼少期の幸福な記憶を刺激する仕組み

バンダイキャラクター研究所では、「キャラクタースカラシップ」という形でキャラクターに関する調査研究を行う研究者を支援してきたが、その中のひとり、大阪府立大学の荒木長照教授は、キャラクターを「経験耐久消費財」として位置づけるというユニークな研究を行った。

キャラクターは人間が幼少期から繰り返し接触し、耐久消費財のように長く生活を共にするものだ。そして、その過程の中で、様々な体験、経験がキャラクターのイメージの中に内包され、いわばブランド価値のようなものを形成していく。キャラクターはそうやって、本来のコンテンツとしての魅力だけでなく、幼少期の幸福体験のようなものが魅力として付加され、価値が強化されていく。

つまりキャラクターは、様々な経験や体験が蓄積された耐久消費財のようなものだ。だからこそ、大好きなキャラクターは大人になっても特別なもので手放せなくなるというわけだ。

女性にとっての「ハローキティ」、男性にとっての「機動戦士ガンダム」などがその代表ケースと言っていい。

特にハローキティは、やはりここでも、その無個性さ、無表情さのゆえに、多くの人が自らの幸福体験を内包させやすく、その結果、キティラーと呼ばれる強烈な愛好者さえ生むような、強いブランドとして今日に至っているのである。

大人になって振り返る子ども時代というものは、まさにしあわせの原風景とでも呼ぶべきものだ。実際にはいやなこと、退屈なこともたくさんあったはずだが、覚えているのは楽しかったこと、おもしろかったこと、うれしかったことばかりだろう。そんなしあわせの原風景がキャラクターに詰め込まれて、大きな魅力を形成しているのである。

東京ディズニーランドが長く、そして強烈な人気を維持できる理由も、実はそこにあると考えられる。

それは、いわば「記憶の装置化」とでも呼ぶべきものだ。

誰でもディズニーランドに行くと、とても懐かしい気分になる。しかし、実際に小さい頃そこにあるアトラクションで遊んだり、キャラクターと触れ合ったりした人というのはそれほど多くないはずだ。つまり、実際には接したことのなかった空間にいるにもかかわらず、ぼくらは懐かしさを感じてしまう。それは、ディズニーランド自体が、誰にも共通にある幼少期の幸福なイメージ、記憶を装置化し、提供しているからなのだ。

ある人にとって、ディズニーランドは虫取りをした森なのだし、またある人にとっては、裸で泳いだ川なのである。

ぼくらが幼少期を思い出して幸福感に浸るときの記憶は、実際に行った場所そのものの記憶ではなく、そのときに感じた、楽しかったり、うれしかったりした気分の記憶なのである。ディズニーランドは、そういった幼少期の記号としての記憶を、空間として再現したものなのである。これは、キャラクターにしかできない、まさに幸福な記憶の内包作用とも言えるものなのだ。

東京ディズニーリゾートのオフィシャルホテルである、ディズニーアンバサダーホテルの最大の売り物は「シェフ・ミッキー」というキャラクターレストランだ。

ここでは、食事中にミッキーやミニーをはじめとするディズニーの人気キャラクターがテーブルを回ってあいさつに来る。お客はそのたびに食事を中断して握手をし、記念写真を撮る。ただ、それだけだ。

大人たちは、そのキャラクターが実際に生きているわけではないことをもちろん知っている。もしかしたら、子どもたちだって知っているのかもしれない。さらに、キャラクターたちは一切言葉を喋らず、身振り、手振りでコミュニケーションをするだけだ。それにもかかわらず（いや、むしろ、それだからよけいに）、子どもはもちろん、大人でもすっかり興奮し、キャラクターと嬉々として握手をしたり、抱き合ったり、写真を撮ったりしてしまうのだ。

これは、キャラクターに対する高度な受容意識がなければできないことだ。つまり、ぼくら日本人は、そこにいるのが作り物の、つまりは仮想現実下にしか存在しないキャラクターだと頭では理解していながら、それに強いリアリティを感じ、まるで実際に生きているものとして受容する感覚を持ち合わせているのである。日本人のキャラクターへの深い愛情は、こういった特異な感覚を極めて日常的に持ち合わせるレベルにまで来ているとも言えるのだ。

日本人とキャラクターは長い歴史の中で切っても切れない蜜月関係を築いてきた。そして、その関係は日々ますます、その濃度を増しているとも言える。

今では、ぼくら日本人について考えるときにキャラクターの存在に触れないわけにはいかないのである。

そして、この日本人とキャラクターとのただならぬ関係こそが、次章から論じる「キャラ化するニッポン」へとつながっていくのである。

第三章　「私」と「キャラとしての私」

つあると言っていい。

リアルの変質とキャラ化する私

第一章・第二章と、キャラクターと日本人とのただならぬ関係について、調査データをもとに細かく見てきた。この蜜月は日本人とキャラクターとの関係に次の段階を準備しつつあると言っていい。

戦後六十年の間、日本人は常にマンガやアニメ、キャラクターとともに生きてきた。そして、それらとの間に強い精神的絆を結んでもきた。そういった長い時間の中で、いつのまにか、ぼくら日本人は「生身の現実」「生身の人間」に負けないくらい「マンガやアニメで描かれた現実」あるいは、そこに登場する「キャラクター」にリアリティや親近感を感じるようになってきたのである。

第二章で書いた、人間社会で傷つき、ストレスを抱える多くの子どもたちが、「現実の父親や親友」よりも「仮想現実のキャラクター」のほうにより強い安心感を覚えるという調査データなどは、まさにその好例だと言っていい。

評論家の大塚英志は、作家の新井素子がＳＦ雑誌の新人賞を受賞したときのインタビューで「ルパンみたいな小説を書きたかった」と答えたことに注目し、『キャラクター小説の作り方』(講談社現代新書)の中で、次のように書いている。

「彼女は別にルパンをノベライズしたわけではありませんが、『ルパン』のアニメが与えてくれる印象を文章で再現しよう、と、その時、どうやら思い立ったようです。それはもう二〇年ぐらい前の出来事です。

けれどもこの新井素子さんの思いつきは実は日本文学史上、画期的なことだったのです。誰もが現実のような小説を書くことが当たり前だと思っていたのに彼女はアニメのような小説を書こうとしたのです」

新井素子は、おそらく現実の世界よりも「ルパン三世」が持つ仮想現実世界のほうに強いリアリティを感じたのではないだろうか。だからこそ、それを作品化しようと考えたのだとぼくには思える。

受賞から三十年以上が経ち、彼女が作品化しようとしたこの感覚、「生身の現実」ではなく、「アニメやマンガ世界の現実」のほうにリアルを感じるという感覚は、今では多くの日本人たちに共通に「身体化」されつつあるのではないだろうか。

ぼくは、今広がりつつある、こういった現実認識の変容を「キャラ化」と呼びたいと思う。

奪われる「現実世界」との接触

かつて大人たちは、子どもたちがゲームやテレビアニメに熱中しているのを見ると、「現実とヴァーチャル世界の区別のつかない人間になってしまう」と心配した。そして、時に子どもたちが信じがたい、残忍な犯罪を起こすと、「ゲームやアニメの世界で簡単に人が死んでいくのを見てきたから、現実世界でもゲーム感覚で簡単に人を殺すようになった」とマスコミは書きたてた。

しかし、当時そういった、いかにも短絡的で、ステレオタイプな論調を耳にするたびに、「いくらゲームやアニメ漬けの生活をしていたとしても、実際に現実とヴァーチャルの区別がつかなくなり、シューティングゲームで敵を殺すように、簡単に生身の人間を殺してしまうなんてことは、まずあり得ない」と、多くの人は思っていたはずだ。

そういった論調は実際、言っている側も、子どもたちの射幸心を煽《あお》ろうとするアニメやゲーム業界に対する批判といった色合いが強く、本当のところ、どこまで信じていたのかも怪しい気がする。

それほどに、かつて「現実世界」というものは確固たるものと信じられていた。しかし、どうやらそうではないらしいことが、しだいに明らかになりつつある。

日本人は、戦後一貫して、アニメ、ゲーム、キャラクターに囲まれる生活をしてきた。そして、キャラクターとの間にもはや抜き差しならないほど強い精神的な絆を結んでいる。その中で、「キャラ化」の感覚は常に、ぼくらと寄り添い、身体化し続けているのだ。キャラクターだけでなく、高度情報化の包囲網もぼくらから「現実世界」との接触を奪いつつある。

一九九〇年代以降のインターネット、携帯電話の急速な普及は、高度情報化社会を一気に生活レベルにまで浸透させた。今では、多くのビジネスマンは日々パソコンの前で生活し、他の多くの人たちも携帯電話から目が離せない生活を送っている。実際、電車に乗ると、半数以上の人が携帯電話の画面を覗き込み、メールかゲームに興じている。

これは、もはや当たり前になってしまった日常風景なのだが、少し引いて見てみると、ある種異様な光景でもある。彼らは、本当に「現実世界」を生きているのだろうか。かりそめの身体はそこにあったとしても、意識そのものはすでに仮想現実社会で暮らしているのではないのか。そう感じてしまうのは、ぼくだけではないような気がする。

また、こういった情報化社会の中で、ぼくらは現実世界のほとんどに「情報」あるいは「データ」として接触するようになった。現実世界は何者かによって恣意的に編集され、集約され、それをぼくらも恣意的に選択する。

言うまでもなく、ぼくらの現実認識は情報によってしかなされなくなってしまったのだ。ぼくらが「現実」だと思いこんでいるものの多くも、実際のところ本当にそうかどうかは怪しくなっているのである。

日常的なコミュニケーションの多くも、今では対面ではなく、メールや電話で行うことが当たり前になっている。実際には一度も会うことなく、メールだけでことが済んでしまう相手だってめずらしくなくなってきている。

いやむしろ、メール中心の、仮想現実的なコミュニケーションに慣れてしまうと、実際に対面して行うコミュニケーションが億劫《おっくう》になったり、不快になったりするといった経験をした人も少なくないはずだ。

メールが中心となるコミュニケーションの相手は、もちろん現実の存在ではなく、情報としての対象である。つまり、おもしろいことに、ぼくらは現実の存在（対面する相手）よりも情報としての対象（メールでの相手）のほうに親近感を持ったり、愛着を覚えたりしているということなのだ。

インターネット社会は「キャラ化社会」

九・一一の事件が起きたとき、テレビのキャスターは「これは現実です」と叫んだが、テレビモニターを通じてしかあの事件に接することのできなかったぼくらにとって、九・一一はもはや「生身の現実」ではなく、情報の断片としての「仮想現実」でしかなかったのだ。

ぼくらは日々の生活の中で、情報化された現実世界と向き合っている。テレビやパソコンのモニターを通じて事件や事故が起き、携帯やパソコンを通じて情報としての友達とコミュニケーションを取る。これが、至極当たり前の現代人の生活なのだ。

精神科医の香山リカは『多重化するリアル』(ちくま文庫)の中で、現実感覚の希薄さから離人症などの解離性障害を持つ若者が増えていると指摘している。実際に病名をつけられるかどうかはともかくとして、多くの日本人たちに、こういった現実との乖離《かいり》、現実に対する違和感、仮想現実を現実と感じる感覚が広がっていたとしても、それはむしろ当然と言わざるを得ないのかも知れない。

情報化社会の進展とは多かれ少なかれ、そういった感覚を準備するものなのだ。

そして、ぼくらが日々仮想現実空間で生きているのだとすれば、ぼくらの存在は、否応なく「キャラ」でしかあり得ないはずなのである。

なぜなら、インターネット社会とはそもそも「キャラ化社会」だからだ。

アバターはもちろんだが、アバターを使わなくても、ブログやチャット、掲示板やメールなどインターネット上のコミュニケーションに関わるとき、そこにあるのは「現実の私」とは別の人格、いわば「仮想現実空間上の私＝キャラとしての私」なのである。

ネット上のオカマである「ネカマ」のように、わざわざ意図的に別人格を用意しなくても、ネットや携帯電話でブログやメールを書くとき、そこにいる「私」は「現実の私」とは否応なく別のものにならざるを得ず、まさにパソコンや携帯電話上にだけ存在する「キャラとしての私」なのである。

ミクシィなどのＳＮＳ《ソーシャル・ネットワーク・サービス》（社会的ネットワークをインターネット上で展開していくサービス）や通常のメール、情報収集、通販、オークションなど、ぼくらは日常生活の多くの時間をネット＝仮想空間上で過ごしている。

たとえば、一日中ミクシィでマイミクたちとのやりとりを繰り返していれば、そこにいる「私」はおのずと「キャラとしての私」としてのみ存在することになる。パソコンの前にいる「私＝アイデンティティ」は、やがてパソコンの中にいる「私＝キャラ」へと飲み込まれていくのである。

その生活が長く続けば、二つの「私」のヒエラルキーは逆転し、やがて「現実に存在する私」よりも「キャラとしての私」のほうに親近感を覚え、それにアイデンティティさえ感じるようになったとしても不思議ではない。ＳＮＳやブログ上での自らのアバターへの愛情の深さや感情移入は、そういったことの表れだと言ってもいいのである。


かつて牧歌的に語られた現実と仮想現実の倒錯、そして「私のキャラ化」が、気がつくと、今では既に日常化してしまっていたのである。

そして、それは、常軌を逸した犯罪やそれを準備する病理といった、極めて特殊な形で突出するのではなく、むしろ、仮想現実への親和性という形で、ごくごく日常的な生活の様々な局面、身体そのものの感覚やプライベートなコミュニケーション、さらには政治や経済、教育といった社会のシステムそのもののあり様の中に、少なからぬ影響を与えているのである。

それが、「キャラ化するニッポン」の実態なのだ。

社会化される「キャラとしての私」

今、インターネットの世界では検索連動型広告が花盛りだ。「私」が今までに買った商品や検索したキーワード、ページなどの情報をもとに、「私」に最適な情報や広告が提示されるというわけだ。そこでは、既に「私」は、現実の「私」とは似て非なる「キャラとしての私」として社会化されてしまっていると言っていい。

先日、こんなことがあった。

果物をモチーフにしたキャラクターを作るという話があって、早速アマゾンで果物に関する資料を集めたのだが、その後、アマゾンにアクセスすると、ぼくはまるで「果物好きのナチュラリスト」であるかのように、その手の本のリコメンドが盛んに行われるようになったのだ。

このこと自体は、最近では多くの人が経験していることであり、取るに足らないことだ。しかし、ここで興味深いのは、「社会化された私」はどちらなのかということである。

もちろん、ぼくは「果物好きのナチュラリスト」ではないし、ナチュラリストという人たちがどんな嗜好の人たちかも知らない。だから、アマゾンが作り上げた「キャラとしての私」は「私」ではない。

しかし、ぼくがナチュラリストではないという「事実」は、残念ながらぼく個人と少数の友人しか知らず、つまりは社会的ではなく、一方、アマゾンが作った「私」は客観的データに基づいて構築された「社会的な私」ということになる。否応なく、ぼくは「果物好きのナチュラリスト」として社会化されるという仕組みになっているのだ。

極端に言えば、単なる思いつきで買った一冊の本、単なる気まぐれで見にいったHP《ホームページ》やブログによって、ぼくらの人格は社会的に決定されてしまう時代なのである。

パソコンを見るたびについてまわる、この「もうひとつの私」。「彼」の好きであろう本、商品、サービスをあらためて眺めていると、そこには皮相ではあるが、確かに「人格・らしきもの」があるのがわかる。

それは、「私」というパーソナリティとはまったくの別物でありながら、「私」というパーソナリティよりも確固たる社会性を持った「キャラとしての私」なのだ。

キャラ化は日本文化の正統な継承者?

こういった日本人の「キャラ化」を、その文化性、あるいは伝統的な美意識と重ね合わせて見ることもできるだろう。

評論家岡田斗司夫は『オタク学入門』(太田出版)で、オタクを江戸時代の粋人になぞらえて、「作品に美を発見する『粋の眼』と、職人の技巧を評価できる『巧の眼』と、作品

の社会的位置を把握する『通の眼』を持っている究極の『粋人』でなければわからない」とし、

「オタクは日本文化の正統継承者である」

と宣言している。

また、日本を代表する現代アーティストのひとり、村上隆は「スーパーフラット」論で、平面的で余白が多く、奥行きを持たないアニメ、キャラクター表現を浮世絵に代表される日本画を生んだ日本的美意識の延長線上に位置づけ、

「日本は世界の未来かもしれない」

という極めて戦略的な発言を行っている。

さらに、二〇〇四年の第九回ヴェネチア・ビエンナーレ国際建築展日本館展示で「おたく:人格=空間=都市」と題し、会場に「アキバ」の街を再現、注目を浴びた森川嘉一郎は「萌え」を「侘《わ》び・さび」に匹敵する日本の美意識だと高らかに宣言した。

このように、日本的美意識とキャラクター文化との間に強いつながりがあることは間違いない。江戸時代、平面的で奥行きのない浮世絵の世界に共感した日本人の感覚が、今、アニメやマンガにリアリティを感じている現代人の感覚と歴史的に通底していると言っていいのだ。

また、キャラクターにリアリティを感じる背景には、もうひとつ、日本人の多神教的な宗教観があるとも考えられる。

キャラクターの世界は、八百万《やおよろず》の神々にたとえられる。

身近にある様々な動物や自然物を自分の気分や都合に合わせて神に見立て、精神的な拠り所とする。そんな日本人の大衆的な宗教との関わり方は、様々なキャラクターに精神的な絆を求める現代人の姿ときれいに重なり合う。

前述の調査データにもあったように、キャラクターはある種のやすらぎや安心感をぼくら日本人に提供してくれている。その安心感は、ぼくらがふだん大衆信仰的なものに感じる安心感――つまりは、なんの根拠もないがそばにいる（ある）だけでなんとなく安心する――に近いものだ。

自覚的ではないにせよ、ぼくらはいつも傍らにいる擬人化されたキャラクターたちの存在に、何か八百万の神々にも似た不思議な力を感じているのかも知れない。だから、時に親や親友といった生身の人間よりも安心できたり、絆を感じたり、庇護してもらいたいと思ったりもするのだ。

そう考えると、ぼくらがふだんなんの気なしに携帯電話やかばんにぶらさげているキャラクターのマスコットは、いわば「お守り」のような存在なのかも知れない。

いずれにしても、日々の暮らしに今も脈々と続く大衆信仰の中で、様々な非日常的な動物や自然物に不思議なリアリティを感じる、そんな日本人特有の牧歌的な宗教感覚と、「キャラ的現実世界」にリアリティを感じるという、極めて高度情報社会的な身体感覚とが実はとても近いところにあるという事実は、興味深いものだ。

マンガ原作の実写ドラマ化が持つ意味

ここで「キャラ化」についての、誰にでもイメージしやすい例を挙げてみよう。それは、最近目につくテレビドラマや映画などでのマンガ原作の実写化についてだ。

近年、マンガ原作のテレビドラマや映画が目白押しだ。

テレビでは、最近だけでも「ごくせん」「花より男子」「ドラゴン桜」「のだめカンタービレ」「Dr.コトー診療所」など話題作が並び、二〇〇七年四月の番組改編では「セクシーボイスアンドロボ」「ライアーゲーム」「バンビ〜ノ!」「喰いタン2」、二〇〇七年七月の番組改編でも「ライフ」「花ざかりの君たちへ」「ホタルノヒカリ」「探偵学園Q」などといった作品がラインナップされている。

映画でも、マンガ原作ものが近年ヒットを連発している。「ALWAYS〜三丁目の夕日」「NANA」「海猿」「タッチ」「デスノート」「ハチミツとクローバー」「どろろ」「さくらん」そして「ゲゲゲの鬼太郎」「蟲師」など、挙げればきりがない。

こういったマンガ原作の実写ドラマ化は、もちろん制作サイドからの現実的なニーズから増加してきていることは言うまでもない。

長期的なテレビ離れの中で、かつてのオリジナルドラマ路線では活路を見出せない制作サイドにとって、人気マンガの圧倒的知名度と世代を超えたファン層の厚さは魅力的だ。それだけで、とりあえず一定の視聴率は見込めるというわけだ。

しかし、このマンガ原作ドラマの増加は、知名度や既存のファン層の存在だけが要因ではないとぼくは考えている。

ここにも、「生身の現実世界」よりも「キャラ的現実世界」に親近感を覚える日本人たちの特性を見出すことができるのだ。

実は、これだけマンガやアニメが人気を博している現在においても、映画やテレビの世界では、依然として実写優位のカルチャーが強い。それが証拠に、たとえばアニメ世代が三十〜四十代という大人になった現在においても、テレビのゴールデンタイムは実写ものがほとんどを占めているのだ。

映画も同様だ。

宮崎駿の活躍でアニメへの社会的評価は飛躍的に高まったが、依然として、アニメは子どもやファミリー向けのものという認識は変わっていない。こういった映像現場での実写優位のヒエラルキー意識は、実社会での現実優位のヒエラルキーをストレートに反映したものなのは言うまでもない。

文芸評論はともかく、社会一般でのアニメの評価は依然として、複雑で高度な現実世界を子どもでもわかるように平易に簡素化した下位のジャンルといったものが普通である。

しかし、今見てきたように、実社会では、「生身の現実世界」と「キャラ的現実世界」の間に逆転現象やゆらぎ、倒錯が広がりつつある。その延長線上でマンガ原作の実写化という流れを捉えることもできるのだ。

生身の身体に対するキャラ的身体の優位

ここで注意してほしいのは、マンガ原作の実写ドラマ化は、かつてのような小説を原作にし、視覚化によってリアリティを高めるという意味での実写化とは本質的に違う意味合いを持っているということだ。

つまり、これらは、まさにマンガでしか描きだすことができない複雑で高度な現実世界を、実写という牧歌的、かつ古典的な手法を使って平易に簡素化する作業なのだ。

たとえば実写版「キューティハニー」では、もともとオリジナルのマンガで時にエロく、時にカッコよく、軽快に犯罪結社パンサークローを蹴散らす如月ハニーを、サトエリが極めて「不恰好」かつ、「重たく」演じているのである。

ここにあるのは、間違いなく「生身の身体」に対する「キャラ的身体」の優位である。いかに「キャラ的身体」と見紛うばかりの美しい身体性を持つサトエリにしても、キャラそのもののリアルな身体性を持つ「如月ハニー本人」には勝ちようがない。いつのまにか、両者の社会的ヒエラルキーが逆転してしまっていたことを、ぼくらはまさに目の当たりにするのである。

しかし、いかに牧歌的であり、不恰好であろうとも、これはオリジナルが作り出した「キャラ的現実世界」を、生身の身体が生きるという、極めて革命的な現象であることもまた事実だ。

　そこにあるのは、言うまでもなく、生身でありながらキャラである身体なのだから。

　ここでぼくらは、「キャラ的現実世界」を生きる生身の人間の姿をある種の感慨をもって眺めることになる。それは、コスプレやピアッシングなどの擬似的な身体改造でしか近づくことのできなかった「キャラ的身体」がまさに目の前に広がっているからであり、新井素子が、そしてぼくらがあこがれをもって見上げ続けてきた「キャラ的身体」にまさに手が届いた瞬間なのだからである。

キャラがすべて――「のだめ」「パイレーツ・オブ・カリビアン」

　もちろんマンガ原作のドラマが増加するのは、登場人物たちのキャラ立ちにも要因がある。「キャラがすべて」とも言える現代社会において、人気を博すためにはとにかくキャラ立ちしていることが不可欠なのだ。

　先ほど列挙したマンガは、言うまでもなくみな大ヒットしたものばかりだ。大ヒットしたマンガのキャラは、当然ながら強烈にキャラ立ちしている。だから、どこまでプロデューサーたちが意識しているのかはともかく、マンガ原作のドラマはすなわち「キャラがすべてのドラマ」ということになるのである。

近年のマンガ原作ドラマの中でも、まさにキャラ立ちドラマの代表と言えば、「のだめカンタービレ」だろう。

このドラマは二〇〇六年の一〇月からフジテレビ系月曜九時、いわゆる「月9」で放映されたもので、原作は講談社「Ｋｉｓｓ」連載の二ノ宮知子の大ヒットマンガである。

このドラマには主人公の「のだめ」こと野田恵（上野樹里）、ドイツの天才指揮者兼スケべじじいシュトレーゼマン（竹中直人）をはじめとして、数々の異常にキャラ立ちする面々が登場する。番組では、彼らが次々と繰り出すギャグを実写とは思えないマンガタッチで再現してみせて、大ヒットとなった。

『のだめカンタービレ』（二ノ宮知子・講談社）

関係者によれば、このドラマは「ファミリー視聴」を前提に作られており、特に小学校中高学年の子どもたちに受けることをかなり意識したとされる。そこでヒントとなったのは、かつて一世を風靡《ふうび》した人気お笑い番組「オレたちひょうきん族」だった。その意味では、「のだめカンタービレ」はドラマというスタイルを取ったお笑いバラエティだったと言ってもいいだろう。

「オレたちひょうきん族」と言えば、一九八一年から一九八九年にフジテレビ系で放映されたバラエティ番組だ。特に注目すべきは、「8時だヨ！全員集合」に代表される、それまでのストーリーコント的なお笑い手法から、キャラそのものの立たせ方で笑わせる新しい手法へと転換した記念碑的な番組であることだ。

「オレたちひょうきん族」は数々の人気お笑いタレントを輩出しただけでなく、「タケちゃんマン」「ブラックデビル」「ナンデスカマン」「妖怪人間しっとるケ」「アミダばばあ」「パーデンネン」など、今の時代にも十分通用するビッグキャラを続々と世に送り出したのである。

「キャラがすべて」というテレビのあり方を決定づけた「オレたちひょうきん族」の血を引く「のだめカンタービレ」が、かつてトレンディ恋愛ドラマの代名詞だった「月9」から生まれたというのも「キャラ化」への時代変化を象徴するようでおもしろい。

キャラ立ちするテレビドラマが「のだめカンタービレ」だとしたら、キャラ立ちする映画はなんと言っても「パイレーツ・オブ・カリビアン」だ。

「パイレーツ・オブ・カリビアン」は、ご存知のようにジョニー・デップの強烈なキャラによって大ヒットしたディズニー映画シリーズで、その原作はディズニーランドのアトラクション「カリブの海賊」だ（人気アトラクションがハリウッド映画の原作になるという逆転関係もマンガ原作の実写化同様、極めて興味深い）。

この映画でジョニー・デップ扮するジャック・スパロウは独特のメイクとちょっとオカマっぽい仕草の、まさに「濃いキャラ」として登場する。彼は従来のハリウッド映画のヒーロー像とは違い、明快な正義感も一貫したポリシーもなく、どこか海賊ごっこに興じる子どものようでもある。

そして、まじめ一徹なオーランド・ブルームやお姫様然としたキーラ・ナイトレイの存在（このふたりは、まさにハリウッドヒーロー・ヒロイン像をステレオタイプに描く役割をしている）が、さらにジャックの特異なキャラを際立たせる構造にもなっているのだ。

この映画のヒットは、言うまでもなく、ジャック・スパロウのキャラの魅力に負うところが大きい。彼の存在は、「キャラ的身体」を生身の人間が牧歌的に演じるというマンガ原作ドラマ・映画の域を越えてしまっている。

つまり、ジョニー・デップは、まさにその演技力によって、生身の人間のまま「アニメキャラ」そのものになったのだ。「パイレーツ・オブ・カリビアン」は、そうとしか言いようのない、キャラ化した映画なのである。

かつて、ファンタジーや童話の主人公をハリウッド俳優が演じるとき、必ずと言っていいほどそこには「人間的魅力」が加味されることになった。そこで、物語の主人公たちはキャラから人間へと変質してしまい、見る側も「ファンタジー風の人間ドラマ」として受容する形になったのである。しかし、ジョニー・デップはジャック・スパロウをまさに「非人間的＝キャラ的」に演じることで、強烈な同時代的リアルを獲得したのではないだろうか。

「パイレーツ・オブ・カリビアン」シリーズの驚異的な大ヒットは、キャラ化社会における映画のあり方そのものの本質的な変化を暗示しているのかもしれない。

お笑い芸人の人気を支えるもの

キャラ立ちと言えば、昨今のお笑い芸人たちの人気についても触れないわけにはいかないだろう。

考えてみれば、お笑い芸人という仕事はまさにキャラがすべてだ。テレビのバラエティで自分が露出する短い時間の中でいかにキャラを立たせられるか、それが売れるかどうかの勝負になる。

特に二人組の漫才コンビというのは、たいていの場合、お互いのキャラが決まっていて、そのキャラを際立たせ合うことで笑いを取る。ツッコミキャラはひたすらツッコみ、ボケキャラはひたすらボケる。そうすることで、お互いのキャラを出来る限り立たせようとするわけだ。

その極端なスタイルが「欧米か！」で人気を博したタカアンドトシだ。

彼らは、しゃべりの文脈の中でのボケとツッコミではなく、タカがひたすら欧米人のようなジェスチャーをしたり、カタカナ語を多用したりというネタフリを続け、それに相方のトシが「欧米か！」とひたすらツッコみ続ける。ふたりの漫才は延々とこのやり取りが続くだけの至極単調なものなのだが、このお約束的なキャラ使いが見事に若者たちの琴線に触れたのである。


お笑い芸人たちはバラエティでお茶の間に浸透させたキャラを武器に、今ではドラマや映画にまで進出している。

そして、最近では、お笑い芸人たちを追いかけるように、アイドルたちも急速にキャラ立ちを競い合うようになっている。ジャニーズのSMAPやTOKIOなどがその典型だ。今ではアイドルさえも人気を獲得、維持するためには、その容姿や歌唱力よりお笑い芸人的なキャラが重要だということなのだ。

また、最近オカマタレントの露出の多さも目につく。

山咲トオル、KABA.ちゃん、IKKOなど挙げればキリがない。彼らの人気も言うまでもなくキャラである。ジョニー・デップファンには申し訳ないが、彼らの存在感はどこかジャック・スパロウに通じるものがあるような気がする。

もはや、お笑い芸人だとかアイドルだとかいう区分けにはほとんど意味がなくなってしまったのかもしれない。いずれにせよ、人気のあるタレントの多くはキャラ化していると言っていい。

関連で言えば、最近、吉本興業の活躍が著しい。キャラ立ちのさせ方を最も熟知している事務所なのだから、彼らの活躍の場がどんどん広がるということは、裏を返せばそれだけキャラが求められている時代だということの証でもある。

吉本興業は、一九一二年創業で現存する日本最古の芸能プロダクションである。また、プロ野球巨人軍の設立に参加したり(共同出資)、日本プロレス協会を設立し、力道山を育てるなど、お笑い以外でも足跡を残している。

その吉本が、今再び時代を席巻しているのである。

彼らはいわば「キャラ・エンタテインメント」企業とでも呼ぶべき存在だ。キャラを武器に様々なエンタテインメントを手がけるプロフェッショナル集団というわけだ。

吉本を見ていておもしろいのは、名もない芸人たちでも自らのキャラを巧妙に使って存在感をキープすることが非常にうまいという点だ。かつて芸能人と言えば、「名前が売れていてなんぼ」の世界だった。だから無名の芸人など抱えていてもビジネスにはなり得なかった。しかし、今は有名でも無名でもキャラさえ立っていれば、いくらでも注目を獲得できる。それは若者のグループの中で目立つポジションを取るという感覚に近いのだが、今求められているのがその延長線上であることを考えると、まさにハマるのである。

もし吉本が主催するコミュニケーション講座などがあれば、若者たちだけでなく、ビジネスや家庭でのコミュニケーションに悩むおじさんたちも大挙して詰めかけるだろう。無党派層の取り込みに躍起となっている政党なども、吉本にコンサルティングをやってもらってはどうだろうか。マンガ好きということで一躍人気急上昇となった麻生太郎のように、無党派層取り込みのキーになるのも間違いなくキャラなのだから。

第四章　拡大する「キャラ化意識」

小泉純一郎——キャラ立ちした総理大臣

最近の政治の世界も、まさに「キャラがすべて」といった傾向が顕著だ。もちろん、こういった政治のキャラ化の流れを決定的にしたのは小泉純一郎ということになるだろう。「自民党をぶっ壊す」というキャッチフレーズで登場した小泉は電撃訪朝、電撃解散、刺客選挙と、まさにキャラ立ち政治を全うした。それまでの現実的な政治スタイルにうんざりしていた国民にとって、この小泉劇場はまさにマンガを見るようなおもしろさがあったのである。

小泉首相にまつわるキーワードは、二〇〇一年に「米百俵」「聖域なき改革」「恐れず怯《ひる》まず捉われず」「骨太の方針」「改革の痛み」「ワイドショー内閣」が、二〇〇四年には「サプライズ」、二〇〇五年には「小泉劇場」が流行語大賞に入選している。

小泉政治のキーワードの数々は、オタクたちのバイブル「機動戦士ガンダム」に登場する数々の名言にも匹敵するくらいだ。

小泉の政治手法は従来の政治世界のリアリズムからしたら、異例中の異例だろう。郵政民営化に反対した議員たちに次々と女刺客をぶつけるなどというやり方は、マンガそのものだ。そして、その本来最も非政治的な手法であるはずの「キャラ化政治」に国民は強いリアルを感じ、熱狂的に支持したのである。

また、彼の主張が極めて紋切り型、表層型であったことも、小泉政治のキャラ化を推進させる力になった。いわゆる「ワンフレーズ・ポリティクス」だ。

小泉は「自民党をぶっ壊す」と叫び、「郵政民営化」を踏み絵にして自民党内を大混乱に陥れた。しかし、実際のところ、「自民党をぶっ壊す」ことと「郵政民営化」の間にどんな関係があるのかは、小泉を支持する国民の多くは理解していないし、小泉自体もていねいに説明することをしなかった。それでも、というか、それだからよけいに小泉は支持されたと言ってもいい。国民は、小泉内閣の政策そのものには関心がなく、ただ小泉純一郎というキャラと彼の口から飛び出す名セリフだけを支持したのだ。

さらに言えば、「自民党をぶっ壊す」も「抵抗勢力」も、その実質的内容からイメージだけが乖離し、小泉純一郎という「型破りなヒーロー」というキャラを強化する働きだけをしたのである。そして、「靖国参拝」という、今までであれば確実に人気の足を引っ張ったはずの問題でさえ、かえって彼の「一徹」なキャラをポジティブに強化する働きを果たしたとさえ言えるのだ。

ワイドショー内閣の主役はオタクキャラとおばさんキャラ

今から考えれば、二〇〇一年に小泉が田中真紀子の力も借りて、再選確実と言われた橋本龍太郎を破ったときの雪崩《なだれ》現象は、政治のキャラ化への大きな転換を暗示していたのかも知れない。

あのときに象徴的だったのは、ふたりの風貌である。

かたや橋本は腹が出て、髪の毛はポマードでべったり、あいまいな答弁という、まさに絵に描いたような政治家的風貌の持ち主、一方の小泉は政治家にはめずらしい貧相なやせぎすで、髪の毛も寝癖のまま出て来たような感じ。それでいて、しゃべりは妙に熱い、いわばオタク的なキャラだった。それに、これまた、ただのおばさんキャラといった風貌の田中真紀子が加わったのである。

あのときの小泉と田中のやり取りは、まるでお笑いコンビのようなボケとツッコミの連発だった。有権者はお笑い番組を見るようにふたりを眺め、そのキャラ立ちを支持したのである。

テレビの効果的な活用という意味でも、小泉は有権者が政治にキャラを求めているということをよくわかっていたフシがある。それが証拠に、毎日繰り返される「ぶらさがり取材」というテレビでの記者会見によって、小泉のキャラ立ちは日々強化される仕組みになっていたのである。

今までの政治家、特に首相は、軽はずみな言動で批判を受けることを恐れ、マスコミに対して受身の対応をするのが通例であった。しかし、小泉は生のバラエティ番組をこなすベテラン芸人よろしく、当意即妙にキャラ立ちした受け答えをし、お茶の間の人気を独占したのである。

アメリカ大統領選挙ではテレビ討論会が行われ、その印象が当落に大きな影響を与えると言われる。そのため、党や政治家に雇われた広告代理店やコンサルティングの人たちは、少しでもテレビ映りをよくし、視聴者に好印象を与えるための様々なテクニックを候補者に伝授する。しかし、小泉を見る限り、そういったブレーンはまるで必要がなかったようだ。彼は、テレビの前で水を得た魚のように生き生きと振る舞い、まさにキャラ化するのだ。

小泉政治はよく劇場型政治と呼ばれた。「サプライズ」に代表されるエンタテインメント性を武器にし、まるで劇場でお芝居を見るように観衆たる有権者を熱狂させるというわけだ。

しかし、芝居であれば、どんなに劇場で熱狂しても小屋を出れば現実に戻るものである。選挙がその典型で、有権者は選挙期間中だけ政治に関心を持ち、選挙が終わればすぐに忘れてしまう。

しかし、小泉政治はそうではない。

小泉が政治に持ち込んだ「キャラ化」は、選挙の後もずっと有権者の心を捉えつづけ、目を覚まさせることはなかった。それによって、政治のリアルは今までの現実的なものから、キャラ的なものへと完全に変質してしまった。

それこそが、政治のキャラ化である。

今では、サプライズのない政治には誰も関心を向けず、キャラ立ちしない政治家の人気はあっという間に地に落ちる。政治家は、そういった有権者たち、特に浮動層と呼ばれるキャラ社会の申し子たちの意識に一喜一憂し、キャラ立ちしたうわべだけのお題目やサプライズを必死で並べ立てるというありさまなのだ。

キャラ政治の申し子、東国原知事

大方の予想を覆し、二〇〇七年宮崎県知事選で圧勝した東国原英夫知事もまさにキャラ政治の申し子だ。

抜群の知名度、たけし軍団で鍛えられた存在感、そして、方言を丸出しにし、小泉をも彷彿《ほうふつ》とさせる話術で観衆の注目をさらうテクニックなど、キャラ立ち政治家のお手本のようであった。

言ってみれば、キャラが立たないことが県政の最重要課題でもあるような状況の宮崎県にとって、まさに願ってもない人物の登場だったのだ。

東国原知事が他のタレント政治家と違うのは、彼が「政治のキャラ化」、つまりは有権者が政治そのものではなくキャラを求めているということに自覚的だということだ。

過去、多くのタレント政治家はその抜群の知名度で当選すると、その後はタレント政治家というレッテルをはがすために、自ら「普通の政治家」になってしまう。そうすることで、キャラが立たなくなり、政治の世界に埋没してしまうのだ。

しかし、東国原知事は当選後も積極的にメディアを活用し、強力なキャラ立ち度を見事にキープしている。宮崎県の知名度向上という政治課題と彼自身のキャラ立ちの維持という至上命題が重なり合うことで活動がしやすくなっているという面もあるのだろう。それにしても、当選後もワイドショーにレギュラー出演する地方自治体の知事というのはまさに異例のことであり、今までであれば、「もっとまじめに政治をしろ」と批判されたはずだ。しかし、今のところ、むしろ彼の行動は県民や日本中の強い支持を受けている。キャラ立ちする政治が定着しつつあることの表れかもしれない。

同じく〇七年の東京都知事選での石原慎太郎現職知事の勝利も、単純にキャラ力の勝利だったと言ってもいいのではないだろうか。

ぼくは、選挙前の朝日新聞の取材に「番長石原慎太郎対学級委員長浅野史郎の闘い」とコメントした。ここでも、石原知事のキャラはアニメの中の番長そのものだ。アニメの中での主役がいつも学級委員長ではなく番長であるように、やはりキャラ力による真っ向勝負になれば、番長のほうが強い。

そして、ここでもやはり、キャラさえ強ければその内容はポジでもネガでもどちらでもいいという傾向が見えた。

選挙期間中こそ鳴りを潜めはしたが、石原知事と言えば様々な放言で知られる。しかし、小泉首相の靖国問題同様、どうやら、その発言がかなり物議を醸すものだったとしても、それは「実行力がある」「豪腕」「一徹」といったキャラを強化する働きをするというのがキャラ化政治の特徴なのである。

キャラの立たなさが致命的弱点になる時代

これだけ国民が政治にキャラを求めるようになると、「ふつう」の政治家はつらい。小泉や東国原を通じてキャラ化政治を堪能してしまった国民にとって、安倍晋三政権はキャラが立っていないからつまらないということなのだろうか、安倍内閣の支持率はぱっとしない。

安倍首相も、小泉政権下で若き自民党幹事長だった頃はキャラが立っているように見えたものだった。しかし、それは風雲児小泉とのコンビでコンサバ・エリートの血が際立って見えたということだったようだ。

強力な相方を失ってしまった安倍にとっては、自らの力だけでキャラ化するのは困難なようだ。誰か安倍のキャラを上手にいじってくれる相方がいれば別なのだろうが。

安倍首相は政権発足早々、「靖国参拝は行くとも行かないとも言わない」というまったくもってあいまいな言動をし、キャラをひっこめてしまった。それ以降も、閣僚の勝手な発言や不祥事を放任し、すっかり存在感の薄い学級担任みたいなポジションになってしまっている。

そうやって安倍政権は現代政治における最も致命的な弱点、すなわち「キャラの立たなさ」を抱えてしまったと言っていい。いわば選挙の「顔」としての役割を託された政治家が、実のところ「顔」となるべき魅力的なキャラを持ち合わせていなかったとなれば、様々な逆風が吹き荒れる選挙をまともに戦えるはずもない。

もちろん、この「政治のキャラ化」は国民の側だけに問題があるのではない。

いつの間にか、政治は選挙のための道具と化してしまった。選挙で勝つために法案を成立たせる。選挙で勝つためにできもしないことを公約に掲げる。それが実態だ。

そして、その選挙では浮動層、無関心層の取り込みがますます重要課題になっている。そもそも政治に関心のない層を取り込もうとする限り、政治におけるキャラの重要性は今後も高まり続けることになるだろう。

実体と乖離した経済はキャラ化をめざす

「キャラがすべて」と言えば、最近の経済も同様ではないだろうか。

政治の世界が小泉なら、経済の世界ではやはりホリエモン（堀江貴文）を挙げないわけにはいかない。

ライブドアはホリエモンというキャラを実質的な広告塔に立て、それによって個人投資家から多額の資金を集めた。そして、それをもとにM&Aを繰り返し、いわば仮想現実的な企業価値を増大させた。いわゆる時価総額経営である。

企業や経営者の表面的なキャラをできるだけ立たせることによって、投資家たちからの過度の注目を煽る。こういった「経営のキャラ化」とでも言うべき現象は、何もライブドアだけに限った話ではない。

株式中心の経済メカニズム自体が、そういった構造を作り上げてしまっているのだ。

二〇〇四年六月、ライブドアがプロ野球の近鉄バファローズ買収に関する記者会見を開くときまで、ホリエモンの名前を知っていた人は一般にはほとんどいなかっただろう。それが、その後のニッポン放送株の大量取得や衆院選出馬で、彼は一気に時代の寵児《ちょうじ》になった。当時、小泉首相よりもキャラが立っている人間がいるとしたら、ホリエモンをおいて他にいなかっただろう。

東大中退で、ドラえもんのような風貌の青年がいきなりプロ野球球団や、ましてフジテレビまでもを呑み込もうとした一連のライブドア騒動は、テレビで見るアニメよりもはるかにアニメ的なおもしろさで日本人たちの心を虜《とりこ》にした。そして、それまで一般の人間には縁遠いと思われていた経済の世界が、あり得ないはずのことが本当に起こってしまうドラマティックな世界（アニメ、マンガ的世界）として、一躍注目を浴びることになったのである。

ライブドア事件に限らず、経済は近年、実体との乖離《かいり》がますます激しくなっている。

バブル崩壊以後、長引く不況の中で浸透した欧米型資本主義により、それまでの会社＝家族主義が崩壊、会社は経営者と株主のものになった。Ｍ＆Ａ、企業統合などを通じ労働実態とはかけ離れた「うわべ」の経済が肥大化していく傾向が顕著なのである。

企業のグループ化で、その企業がそもそも何を生業にしていたのかもわからなくなり、メーカーでも地味にモノを作って売るというあり方を軽視する傾向まで強まっている。外資系ファンドの参入により、業績が悪化した企業はそれまでの歴史や従業員の思いとは一切関係なく、いとも簡単に分割され、売り払われてもしまう。

マーケットで資金を集め、それを武器に企業規模を拡大していくのが現代における経済の基本スタイルだとしたら、企業にとっても「キャラ」は何よりも重要になってきているといわざるを得ない。

経済のキャラ化に呼応するように、働く側の心理も大きく変わりつつある。

かつてのように、額に汗して働き、その満足感とともに報酬を得るという労働の美学は地に落ち、過酷な労働と低賃金にすさんでいく労働者がいる一方で、パソコンひとつで巨万の富を得る人々も存在する。製造業は給料が増えない一方で、外資系の証券会社や銀行などは数千万円単位のボーナスが出るところもある。そんな格差社会の中で、苦労してコツコツと働くことはバカげたことという意識も広がっている。

経済から実体が失われつつあるのだ。

経済はまた、仮想現実化を強めてもいる。

BRICs《ブリックス》と言われる中国やインドなど新興国の株式が人気となっており、銘柄によっては十倍を超す値上がりをするものもめずらしくない。株価は政府高官の発言や経済指標に過剰に反応し、時に乱高下を繰り返す。二〇〇七年八月のアメリカでのサブプライムローン問題に端を発した世界同時株安も記憶に新しい。

しかし、考えてみれば、世界経済の中心を担うはずの株式や債券、為替などのマーケットは、一般の人たちにとってはパソコンの中という仮想現実にしか存在しない。さらに言えば、パソコンの前で時々刻々と上下するのはただの数字であり、その先にある世界の経済実体＝製品や労働者の姿はまったく見えてこない。

経済の世界でも、生産や労働というもっとも「リアルな現実」は排除され、仮想現実空間での数字のやりとりだけがますますリアリティを強めていくのである。

パーツの着脱と化したファッション

ところで、ぼくの事務所は原宿にある。だから竹下通りや裏原宿を通ることも多い。そこには、見た目キャラ化した若者たちが、それこそ山のようにいる。

コミケから抜け出してきたようなコスプレイヤーたちや、ロリータ、ゴスロリといった、ほとんどコスプレと言ってもいいファッションスタイルの若者たちがあふれている。「キャラ化するニッポン」と言ったときに一般の人が最もイメージしやすいのが、彼らのような若者たちの存在かも知れない。

もちろん、それ以外でもボディピアス、プチ整形といった、いわゆる身体改造も急速に一般化している。身体改造までいかなくても、あまりにも極端な髪型やメイクなど、常識的にファッションの範疇《はんちゅう》とは捉えられないスタイルの人々も目につくし、それに対する社会の許容範囲が広がっているという実感も強い。ファッションという概念自体が、いつの間にか身体パーツの着脱といった感覚に変容しつつあるのである。

髪型やメイクなどが身体なのかと疑問を持つ人もいるだろうが、生身の身体だけでなく、髪型やメイク、ファッションまでも含めて「拡張的な身体」と捉える感覚が最近の若者たちの間に広がっているのは確かだ。いや、むしろ、コスプレなどのコスチュームやパーツも含めて自らの「身体」と捉える新たな感覚こそが「身体のキャラ化」だと言ってもいいのである。

一時ブーム化したガングロや日焼けサロン等での過度の日焼け、逆に美白などにも同様のことが言える。自らの生身の身体の一部であるはずの皮膚を、恣意的に着脱可能な身体パーツの一部と捉えるという感覚だ。

こういった「身体のキャラ化」と日本人の、特に若者たちのキャラ好きとの関連を想起するのは容易なのではないだろうか。

彼らは自らにやすらぎを与えてくれる、愛するキャラクターの身体性（キャラクターはたいていの場合、コスチュームやパーツも含めた身体を持っている）を、自らの中に取り込もうとしているのである。

キャラ化による身体性の回復

若者の身体感覚を語るときに必ず出てくる議論は「生きている実感を取り戻す、あるいは感じるための身体改造」という視点だ。

たとえば、前述した香山リカの『多重化するリアル』には「リアリティを得るための傷」という項があり、

「今、若い人たちに流行のタトゥーやピアッシングで自らの身体に傷をつける人たちにも、『リアリティの取り戻し』の欲望を感じることがある」

「彼女（ピアッシングをする若い女性）もまたピアスで自分を痛みにつなぎとめることで、かろうじて『自分が自分であること』の実感を得ているのかもしれない。逆にそうでもしなければ、自分の感覚、身体の感覚は、あっという間にどこかに飛んでいってしまうのだろう」（カッコ内は引用者注）

といった若者の意識が書かれている。

しかし、こういった「近代」的な身体感覚を前提にしながらも、状況はさらに一歩先へと踏み出しているのではないかと、ぼくには思える。

香山が指摘するように、若者たちが自分の生身の身体にリアルを感じることができないという状況は確かだろう。しかし、それを回復しようとする営みは、リストカットやピアッシングの痛みによって、失われた生身の身体性を感覚的に取り戻すという方向よりもむしろ、身体のパーツ化、コスチューム化としての身体改造を通じて自らの身体をキャラ化し、そこにリアルを求めるという方向に変質してきているのではないだろうか。

それは、生身の身体感覚が否応なく意識下に埋没していくのを「痛み」によって断続的につなぎとめるという消極的なものではなく、むしろ積極的にキャラ的なほうへと自らの身体性を投げ出そうとする営みにも思える。

ここには、本来最も自然であるはずの自己の身体さえも、キャラ的にしかリアルを感じられなくなりつつあるという現実があると言ってもいい。

昨今、市民権さえ得つつあるメイドカフェのあり様などを見ていると、こういった「コスプレ的身体のキャラ化」は、翻って内面のキャラ化へとつながっていく力を持つとさえ思えてくる。

メイドカフェで働くメイドたちは、多くがコスプレイヤーたちなのだが、彼らはメイド服というコスチュームを自らに身体化することにより、内面までもメイドになりきってしまうのだ。

もちろん、そこには当初は演技が介在していることもまた事実なのだが、その演技は彼女たちの内面のパーソナリティと徐々に溶け合い、やがて、その境界は不透明になっていく。そうやって心身ともにメイドになりきることで、彼女たちは「生きている実感」を回復するのである。

アンチ・エイジングがめざすもの

ここで注意しなければならないのは、コスプレや身体改造といった一部の若者に見られる過激な行為だけが「身体のキャラ化」ではないということだ。つまり、ダイエットやエステ、様々な健康グッズやサプリメントなどといった一般の人々にもなじみ深いものの広がりの中にも「身体のキャラ化」意識を見出すことができる。

たとえばダイエットやエステは言うまでもなく、身体のドール化である。

そこで希求される理想的な身体性とは、汗もかかず、排泄もしない、また一切の体形変化もない、つまりは、あらゆる身体の自然な営みから自由になった、まさにキャラ的な身体なのだ。

脱毛や体臭消しといったことも、めざすべき方向は同様である。これらはまるで、身体におけるあらゆる生物的な痕跡を消し去ろうとでもするかのような行為なのだ。

一見、極めて自然なことと思われがちな「健康」についての様々な意識の高まりも、実は、キャラ化の視点で捉え直すことができる。

健康増進の営みは、言うまでもなく身体を限りなくニュートラルな位置に維持することである。しかし、様々な手法によって老齢にもかかわらず若さを維持している人が、ある意味で極めて異様に見えるように、それは実は生身の身体性からの逸脱でもある。そこにあるのは、つきつめれば、塩ビやソフビでできた、つややかで人工的、つまりは血の通わない「キャラ的身体」への希求に他ならない。誰もがバービー人形をめざすというわけだ。

健康を維持し、長生きしたいという一見極めて自然な人間の願望が、実はキャラ化へのベクトルを内包しているというのはとても興味深い。

しかし、考えてみれば、昨今時代のキーワードともなりつつある「アンチ・エイジング」という思想そのものも、自然の摂理に反し、ノンリアルな身体性を希求するものであることはすぐにわかる。言うまでもないが、アニメやマンガのキャラクターこそ最もアンチ・エイジングな存在なのだから。

身体行為としてのセックスはもはや不要なのか

最近広がりを見せていると言われるセックスレスについても、この身体のキャラ化の文脈で考えることができる。

セックスは言うまでもなく、本来、最もリアルな身体行為である。

ここでも、かつては、自らの存在の希薄さや身体感覚の喪失感、あるいはコミュニケーションの回復といった願望が、非生殖的なセックスへと人間を駆り立てるという文脈があった。

しかし、身体改造の項で触れたように、生身の身体が持つ本来的なリアルにはリアルを感じることができず、むしろノンリアルなはずのキャラ的身体のほうにリアリティを感じ始めた「近未来的身体」にとっては、もはやセックスは身体性や自己存在の回復にはつながらない。それは、不毛な違和感を増殖させるだけである。

性的カタルシスについても同様だ。

身体的リアルの伴わないセックスには性的カタルシスが存在しようがない。そうなれば、性衝動はもはや排泄行為に近くなる。商売系での処理のほうが状況に適しているということになるのである。

現代社会におけるセックスのほとんどが非生殖的である以上、近未来的身体状況においては、セックスレスはもはや自明のものと言わざるを得ないのである。

代わって広がっているのが、いわゆる「萌え」である。

「萌え」については、後で詳しく書くが、一般的な考え方に則《のっと》れば、萌えの対象は女性の性的な身体そのものではなく、いわゆる「属性」としてのパーツである。それはたぶんにコスチュームとしての身体を対象にする場合が多い。「萌え属性」と言われるものも、髪型やメガネなどのいわばコスチューム的な身体性を愛《め》でる行為である場合が多い。そこには生々しいセックスという行為の介在する場所は見当たらない。

キャラ化した身体において、セックスは自明のことになり、セックスに代わる行為が「萌え」なのだとも言えるのではないだろうか。

Wiiが作り出すリアルとノンリアルの倒錯

こういった「身体のキャラ化」を象徴的に示してくれたのが任天堂のWiiだ。テレビでも、コントローラーをラケットがわりにしてテニスに興じるCMをよく見かける。

このWiiは、まさに革命的なゲーム機だと言っていい。

そもそもゲームは、リアルでは実現不可能な状況をゲーム空間の中で擬似体験するものだ。絶対に入ることができないはずのガンダムのコックピットに実際に入ってゲームが楽しめるといったものが典型だ。

しかし、Wiiは違う。

Wiiは、たとえば実際にラケットを握ってコートに立てばできてしまうリアルを、わざわざ室内で、コントローラーを握って画面に向かうという倒錯的な環境を提供することによって遊ぶゲームなのだ。つまりは、リアルに立ち入ることが容易なものを、わざわざノンリアルの境界に留まらせることで成立させている「ゲーム」なのである。

端的に言えば、リアルなテニスよりもノンリアルとリアルが倒錯したWii空間のほうが、現代人にとっては、はるかにおもしろいのだ。コントローラーをラケットがわりにしてテニスに興じる女の子を見るたびに、ぼくは、彼女がまさに「キャラ化」していると感じてしまう。生身のリアルな身体のまま、コントローラーを無意味に振り回すというその所作には、もはやゲーム空間とリアル空間のどちらにも属さない「キャラ化」した身体が立ち上がってくるのである。

かつて、中沢新一はポケモンについて書いた『ポケットの中の野生』(新潮文庫)で、精神分析学で言う「対象a」について語っている。

「対象aとは、意識のへりの部分にさまざまなかたちをとってあらわれてくる、なんとも名付けがたい対象のことを指している。それは、対象としてのしっかりしたまとまりも持っていないし、あやふやで壊れやすいところがあり、しかし意識によっては完全にはコントロールしがたいものなので、それがどんな内容や力を備えているのか最後までわからないといった、奇妙な代物なのである」

この「対象a」は、たとえばドットで作られたキャラクターが、「何かである」と「何ものでもない」の境にあるような存在であることを説明するために提示されているのだが、この「対象a」と「キャラ化」はとても近いもののようにも思える。

ただのドットという「ノンリアル、あるいは非言語的な境界」から「リアル、あるいは言語的なキャラクター」が立ち現れる。その立ち現れ方そのものが、ゲームの魅力の源泉だと中沢は指摘している。つまり、ヴァーチャルにできあがったゲーム空間から、不格好でとりとめもないリアル空間へと立ち戻る、その境界が「キャラ化」という現象なのだ。

昨今のゲームに見られるあまりの完成度の高さは、それ自体を擬似リアル化してしまっている。それはキャラクターそのものにも言えることだ。

ゲームやキャラクターのヴァーチャル空間が一般化、あるいはリアル化し、本来持っていた可能性を失いつつある一方で、不格好でとりとめのない「リアル空間」に、かえって「対象a」が持っていた本来的な魅力が宿りつつあるのかも知れない。キャラ化のベクトルがリアルからノンリアルへと向かうのではなく、逆にノンリアルからリアルへと向かうことからも、そのことはわかる。

少なくとも、ゲームという閉塞的な擬似リアル空間からのあくなき逃走という営みに「キャラ化」の本質を見ることもできそうだ。

Wiiの登場は、そのことを見事に暗示してくれている。

脳をバージョンアップする試み

身体の問題を考える上では、脳についても触れなければならないだろう。

もう十年近く、いわゆる脳ブームとも言われるように、脳への関心が高まっている。養老孟司や茂木健一郎の本がベストセラーになったり、「脳トレ」が任天堂DSのソフトとして登場し、爆発的にヒットしたりもしている。

この脳ブームに一貫してあるのは、人間の脳、さらに言えば自らの脳を客観化する意識だ。

今まで科学や医療の分野はともかく、一般の人間たちにとっては身体、とりわけ脳については、ある種神聖でアンタッチャブルな領域という意識があった。

それが、身体改造というような形で自らの身体に手を加えてもいいという意識が広がったように、自らの脳に対してもなんらかの関わりを持っていいという意識が広がりつつあるのだ。こういった意識の変化にも、身体をパーツとして見る「キャラ化」の感覚が見て取れる。

「脳トレ」によって、脳を鍛え、脳年齢を下げる。これは、身体に対するトレーニングと同様の発想だ。言うまでもなく、そういった意識の延長線上には、たとえばパーツを組み替えてバージョンをアップするとか、チップを組み込んで意識や記憶を操作するだとかという、極めてアニメ的なイメージが広がる。

ご存知のように、アニメやマンガの世界では脳に対するそういったアプローチは日常茶飯事だ。一見、生身の人間だと思われていた人物が脳を改造された人造人間＝キャラだったというような話は枚挙に暇《いとま》がない。

「脳トレ」や脳の機能への一般の人たちの高い関心を見ていると、そこに、脳をアニメやマンガのフィールドで捉えつつある現代人の身体意識の変容を感じ取ってしまうのだ。それは、いわば、脳のコスチューム化、装置化、キャラ化といった意識のはじまりである。

余談だが、この脳の装置化は、もちろんアニメ・マンガ的ファンタジーの領域に留まるものでは既になく、まさに様々なサイボーグ技術が実験、実用化されてもいる。

二〇〇五年秋のNHKスペシャル「サイボーグ技術が世界を変える」で放映された、ラットの脳細胞に電極を刺し、そこに信号を送ることで指示通りに行動させることができる「ロボ・ラット」の実験などは、まさに「キャラ的身体」が現実になっていると言ってもいい衝撃的な映像だった。

いずれにしても、最も生物的なはずの身体や脳に対する意識でさえ、知らず知らずのうちに「キャラ的」なものへと変容していることは、どうやら間違いのないことのようだ。

生物的身体への憎悪が始まっている？

以上見てきた、身体や脳をパーツやコスチュームと捉えるという「キャラ化」意識の広がりは、昨今の家族内殺人やバラバラ殺人の増加へもつながっていく。

この原稿を書いているまさに今も、

「茨城県で三十四歳の母親が小六の長女を殺害」
「札幌市で引っ越しごみから乳児の遺体」

というニュースがグーグル上を飛びかっている。二〇〇七年五月にも、会津若松で高校生が母親を殺害し、その頭部をバッグに入れて自首するというショッキングな事件が起きている。

子どもによる親殺し、親による子殺し。そして赤ちゃんや幼児に対する虐待に至っては、もはや日常茶飯事といった状況である。

いったい、どうしてこんなことになってしまったのか。

もちろん、個別の事件には様々な要因があり、それについてここで論じるつもりは毛頭ない。ただ、総じて言えるのは、表面的な動機のその内奥で、人間の身体や、その延長線上にある血のつながりとしての「家族」に対する意識が大きく変化しつつあるのではないかということだ。

この状況を、最近の経済界のキーワードである「フラット化」と関連づけて考えることもできる。

二〇〇六年、トーマス・フリードマンの『フラット化する世界』(日本経済新聞社)が翻訳出版され、話題になった。内容はグローバリゼーションの進行により、先進国とインドや中国などとの差が急速に平準化されつつあるというものだが、この「フラット化」は何もグローバル経済だけに限った話ではない。

会社と家庭、公と私、男性と女性、大人と子どもというように、かつては厳然としたヒエラルキーが存在していた価値観や概念もフラット化＝等価になりつつある。たとえば最近流行のワークライフバランスという言葉は、会社(公)と家庭(私的生活)とのフラット化と言い換えてもいい。

あらゆるものがフラット化、等価になるという概念は極めてWeb2・0的だとも言える。そもそもインターネット自体が、中心と周縁というそれまでのメディアの概念に対して極めてフラット的だ。

HPからブログへという流れもインターネット内に存在していた特権性を排除するフラット化の流れだし、話題の「YouTube」はテレビ局からその特権を剥《は》ぎ取り、映像メディア環境をまさにフラット化した。

こういった一連のフラット化の流れが、身体感覚やその延長線としての家族にも及んだということができるのだ。


身体は、極めて神聖なものとして特権化されてきた。

人間の身体に、ましてや親族のそれに手を加えるなどということはあってはならないことであり、絶対的に忌避されるべきことだったのだ。だから、時として起こる尊属殺人に社会は大きなショックを受けるのが通例だった。

しかし、ボディピアスやタトゥーといったわかりやすいものだけでなく、プチ整形、ダイエット、さらにはメタボリック・シンドロームなども含めて、身体の持つ特権的な意識は喪失し、今ではモノ的な価値とフラットになってしまった。

家族も同様だ。

家族に対する殺人、ましてや、その身体をバラバラにするような行為は、ちょっと前まででであればまずあり得ないことであり、稀《まれ》にあったとしてもそれは特殊な事件であり、よほどの事情や環境が加害者を追い詰めない限りは起こるはずのないことであった。それだけ血縁という意味での家族も特権的なものだったのだ。

しかし、それも、今では完全に地に落ちた。

しかも、今述べてきたように、身体に対する意識は無意識にパーツ化、コスチューム化してきている。身体がパーツだとしたら、たとえ家族であろうと、ちょっとした動機で簡単に殺し、その体をバラバラにしたとしても不思議はないのかも知れない。

ただ、ぼくはむしろ、これらの事件を「生物的なもの」への不快感、違和感といった感覚に関連づけて考えてみたい。

言うまでもなく、「身体」「血縁」「家族」は、「血」という意味で最も生物的な色合いの濃いものだ。ここで、キャラ化の進展が、本当に生物的なものへの不快感、違和感を強め、それに対する拒否反応へとつながっていくのだとしたら、当然ながら「身体」「血縁」「家族」といったものが攻撃の対象に転換してしまうことだってあり得るはずだ。

つまり、仮想現実世界の日常化、それによる「キャラ化」のたえまない浸透が、生身の身体への適応障害、憎悪を生み、結果として血のつながりとしての「家族」、「身体」といった最も生物的なものへの拒否、破壊へと向かうという可能性も否定できないのである。

第五章　「キャラ」の持つ社会的存在の意味

キャラとキャラクターの差異はどこにあるか

ここまで、「キャラ化」の浸透が特に身体性に与える影響について見てきた。

ここで少し視点を変えて、そもそも「キャラ化」というときの「キャラ」とはいったい何かについて考えてみたい。

キャラとは何かを考えるにあたっては、整理しておかなければならない問題がある。それは「キャラクター」あるいは「キャラ」という言葉についてだ。

もし、皆さんの中でキャラはキャラクターの単なる省略形に過ぎないと考えている人がいたら、考えを改めてもらわないといけない。もちろん、キャラという言葉の出所は昨今流行の短縮語ということだっただろう。しかし、やがて、それは一人歩きし、キャラクターという言葉が持ち合わせていなかった意味合いも内包しながら、拡大しているのである。

まず、そもそもキャラクターという言葉はどこから広がったのだろうか。

「キャラクター」という言葉自体は、ギリシャ語が語源で「刻印」という意味だ。広辞苑を引くと「①性格。人格。②小説・映画・演劇・漫画などの登場人物。その役柄。③文字。記号。」と説明がある。最近の感覚で言えば、多くは②の意味で使われることが多いのではないだろうか。

一九五〇年代にディズニー映画が日本で配給される際、その契約書の中に主人公や登場人物を指す言葉として「Fanciful Characters（空想上の登場人物たち）」という表記があり、これがマンガやアニメの登場人物をキャラクターと呼ぶきっかけになったとも言われている。

このキャラクターという言葉は、今では業界関係者だけでなく一般の人たちにまで広く浸透している。そして、最近の省略語流行の中で急速にキャラという言葉が浸透し、キャラクターという言葉を凌駕《りょうが》する勢いなのである。

キャラクターとキャラの違いについては、マンガ評論家の伊藤剛が『テヅカ　イズ　デッド〜ひらかれたマンガ表現論へ』（NTT出版）において、独自の定義を試みている。伊藤は、まず従来同義だと考えられていたキャラクターとキャラの間に明確な線引きが必要だと唱える。

「『キャラ』とは、『キャラクター』から区別するために用いられる名称で、一般名詞として『人格』や『性格』、あるいは小説や劇、映画の『登場人物』、そして『文字』『記号』という意味を持つ"character"から区別をして、"Kyara"という」

そして、伊藤は「キャラ」を、

「『キャラクター』に先立って、何か『存在感』『生命感』のようなものを感じさせるもの」

と位置づけ、「前《プロト》キャラクター態」とでも言うべきものとしている。つまり、キャラはキャラクターの略語でも、キャラクターから派生的に生まれた概念でもなく、キャラクターに先立って存在していたものだと言うのである。

この前提を受けて、伊藤はキャラを次のように定義している。

「多くの場合、比較的に簡単な線画を基本とした図像で描かれ、固有名で名指されることによって（あるいは、それを期待させることによって）、『人格・のようなもの』としての存在感を感じさせるもの」

一方、キャラクターはどうかと言えば、

「『キャラ』の存在感を基盤として、『人格』を持った『身体』の表象として読むことが、できる、テクストの背後にその『人生』や『生活』を想像させるもの」

と定義される。

伊藤のキャラの定義を聞いて、すぐに、いわゆるファンシーキャラを連想した人も多いのではないだろうか。

「比較的に簡単な線画を基本とした図像」であって、かつ「固有名」がつくことで、「人格」に近いものを感じさせると言えば、ハローキティやリラックマといった非アニメ的なキャラを想像させる。

また、社会がキャラ化するということは社会が「比較的に簡単な線画」で描けるようなものになるという意味に置き換えることもできる。これは、もちろん「キャラ化した人間」に置き換えても同様だ。「比較的に簡単な線画」で描かれた「人格・のようなもの」たちが闊歩《かっぽ》する社会、それは言うまでもなくインターネットや携帯電話上の人間関係ではないだろうか。

コミュニケーションのキャラ化

この極めて暗示的なキャラのイメージは、最近の若者たちによるうわべだけのキャラ的コミュニケーションへとつながっていく。

最近の若者たちは、お互いにうわべのキャラを設定し、それによってコミュニケーションを行う。そのキャラと本来的な自分のキャラクターとは別のもので、だからこそ、コミュニケーションが円滑に進むというわけだ。

そのあたりの事情を、元吉本興業所属のお笑い芸人で、今は大学院生というユニークな肩書きを持つ瀬沼文彰が『キャラ論』(スタジオセロ)の中で詳細に分析を行っている。

瀬沼は、若者たちが自分たちのグループ内でどのように「キャラ」を捉えているのかについて、とても興味深いフィールドワーク調査を行っている。

ここで、まず瀬沼は「ここにいる友人のキャラを教えてください」と質問しているのだが、それに対象者は「いじられキャラ」「バカキャラ」「クールキャラ」「かわいいキャラ」「キモキャラ」「なぞキャラ」など実に六十近いキャラを挙げている(表1)。

仲のいい友だちで形成する数人から十数人の小グループの構成員は、こうやってほぼ全員が特定のキャラを宛てがわれ、それを受け入れる形で日々の人間関係を行っているのだ。もはや、キャラなしに彼らのコミュニケーションは成り立たなくなっているようなのだ。

また、興味深いことに、瀬沼によれば、彼らに「自分自身のキャラは何か」と質問すると、その多くが「わからない」と答えていると言う。

つまり、ここで挙げられたキャラは、本人の意思やキャラクター（人格、性格）とは関係なしに、グループのリーダー（ボスキャラ）や他の構成員たちによって、かなり恣意的に決められているのである。

さらにおもしろいのは、ほとんどの人が「かなり恣意的に」決められたキャラにもかかわらず、それに「満足している」と答えている点である。

こういった若者たちのキャラ・コミュニケーションでは、お互いを平面的、ステレオタイプに捉え、固定化し、それによってはじめて関係性が成立するという状況なのだ。そういうキャラ的な捉え方でないと、とたんに、相手の複雑な内面を理解不能になってしまうとも言えるのではないだろうか。

逆に、自らの意志とは別に他人からキャラ化してもらい、それで満足する人たちは、そうでないと、もはや自分を認識することが困難になっているようにも見える。つまり、誰

無口キャラ	1人	あまりしゃべらない
憎めないキャラ	1人	何か嫌なことをされても許してしまう
うるさいキャラ	1人	学校でうるさい、声がうるさい、よくしゃべる
ハイテンションキャラ	1人	いつもハイテンションで面白い
ゲイキャラ	1人	男友達とよく一緒にいることだけで、ゲイキャラと呼ばれている
いじめキャラ	1人	弱い人をいじめる、口が悪い
ひきたたせるキャラ	1人	友人を初対面の人の前でうまくひきたたせてくれる役割
空気読めないキャラ	1人	天然ボケではなく、場の空気が読めず、突拍子もないことを言う
貧乏キャラ	1人	お金がいつもない
エロキャラ	1人	エロいことが大好き、エロいことばっかり言う
むっつりキャラ	1人	実はエッチで、むっつりすけべ
純粋キャラ	1人	今どきではなく、純粋な心の持ち主
ふるいキャラ	1人	発言が年寄りみたい
汚キャラ	1人	汚れ役
番長キャラ	1人	リーダー、喧嘩が強いらしい
オヤジキャラ	1人	発言がオヤジ、しぐさや癖がおやじ
あついキャラ	1人	会話が熱い、情熱的
ホモキャラ	1人	外見がホモっぽい、彼女ができないで男友達といつも一緒
歌手キャラ	1人	歌がうまい、何かの選手権で優勝した
あにきキャラ	1人	面倒見がいい、おごってくれる
パシリキャラ	1人	弱い、パシリをしてくれる
メガネキャラ	1人	メガネをかけている
うざいキャラ	1人	発言が気に入らない、何をやってもうざい
ケチキャラ	1人	お金を絶対におごらない、割り勘が1円単位
いい人キャラ	1人	やさしい、いい人すぎるので、良い意味ではない、いい人バカ
仕切りキャラ	1人	リーダー的な人、会話をまとめるのがうまい
元気キャラ	1人	いつも元気な子
分からない	7人	

出典：瀬沼文彰『キャラ論』

表1　インタビュー調査で得られた「キャラ」一覧（計95人）

キャラ	人数	意味
いじられキャラ	7人	グループ内でからかわれる
バカキャラ	4人	勉強が苦手、発言がバカっぽい、常識を知らなさ過ぎる
クールキャラ	3人	いつもクールにきめている、かっこつけ
かわいいキャラ	3人	かわいい感じ、顔がかわいい
キモキャラ	3人	態度が異常、口癖が変わっている、変な癖を持っている
なぞキャラ	3人	よく掴めない。何を考えているか分からない人
ボケキャラ	3人	ボケがおもしろい、ボケ担当
まじめキャラ	3人	まじめ、やるときはやる人
いやしキャラ	2人	いるだけで癒してくれる、やさしい
下ネタキャラ	2人	下ネタばかり連発する、下ネタを言うと喜ぶ
キレキャラ	2人	すぐにキレる、キレやすい人
天然キャラ	2人	少し抜けている、天然ボケの人
お笑いキャラ	2人	面白いことをよくいう人
田舎キャラ	2人	実家が田舎、なまっている
あねごキャラ	2人	頼りになる、男っぽい
いじりキャラ	2人	ツッコミを入れる人、からかう人
ボスキャラ	2人	一応、どこに行くか決めたりする役割、リーダー
スロットキャラ	2人	ギャンブルのスロットが大好き
シャイキャラ	2人	シャイな人、恥ずかしがりや
ツッコミキャラ	2人	ツッコミが役割、いじりキャラ
へたれキャラ	1人	度胸がない、腰抜け、チキン
すさんでるキャラ	1人	荒れているキャラ、キレやすい
ゴリラキャラ	1人	ゲームのマリオカートでドンキーばっかり使う汚い人(?)
無責任キャラ	1人	責任感がない
キャピキャピキャラ	1人	若い感じ、キャピキャピしている
ぼーっとしてるキャラ	1人	いつもボーっとしている
格闘キャラ	1人	格闘技をしていた、強い人
オカマキャラ	1人	声がおかまっぽい

かにキャラを決めてもらえないと生きていけないという、言ってみればキャラ化がアイデンティティを規定するという本末転倒な状況に陥っているのである。

実際、瀬沼のフィールドワークでもわかるように、友だちからキャラ化してもらえなかった人間（お前のキャラは思い浮かばないと言われた人間）は強い不安を感じている。

「女性がそのように言われてしまった場合は『えー私「キャラ」うすいのかな?』と落胆していました。そして、友人たちがなんとか『キャラ』を答えてくれると、安心した表情を見せた」

というのである。

キャラがない＝居場所がない

これについて、瀬沼は、

「『いつも一緒にいる仲間たちが、自分の「キャラ」を認識してくれていない……』、『自分のことを何も理解してくれてないんじゃないか』、『認識されてないってことは、ここは自分の所属しているグループではないんじゃないか……』という心境に陥ってしまうことだと思います。／つまり、『キャラ』がないことは、『自分の居場所』がないことへの不安と解釈できます」

と書いている。

まさに、彼らはキャラ化することで自分の居場所を見つけ、存在証明をしているのだ。逆に言えば、キャラ化できなければその存在は社会的に消し去られてしまう。それほど彼らにとって、キャラの重要度は高いということなのだ。

グループ（社会）から「ボケキャラ」というアイデンティティをもらった若者は、嬉々としてひたすらボケをかまし、ボケキャラを全うすることで、安堵の日々を送る。それがキャラ化社会の人間関係であり、そこで、少しでも、「俺の本当のアイデンティティは？」などと考えたら、とたんに奈落の底に落ちてしまう。

半ば、遊びや冗談に近い形で決められるキャラが、その人間の社会的な拠り所となり、そして、その喪失は居場所、すなわち社会的なアイデンティティの喪失にさえなるという現実が若者たちの前に存在する。今、彼らが執拗なまでにキャラにこだわるのは、こういった理由からなのだ。ここでは、もはやキャラは呪縛にさえなっているようである。

このように、一見内面的な人格としてのキャラクターと密接に関連していると思われがちなキャラだが、実は、その内面性とは関係なしに独立した存在、しかも社会的な存在として一人歩きしている。そして、そのいわば、うわべのキャラが若者たちの人生にとって存在価値そのものともなっているのである。

こういった若者たちの一見軽やかでいて、実は切迫したキャラ・コミュニケーションのあり様は、現代社会を覆うわかりやすさの呪縛、視覚性の呪縛とも密接に関係していると言っていい。

現代社会においては、見えなければ価値がない、わかりやすくなければ価値がないという強い社会的圧力が広がっていると言われる。そして、それが、ますます表面的なキャラ化を促進していくのだ。

キャラ的なコミュニケーションには、本来はわかりにくいのが当たり前の内面的な人格を視覚化し、わかりやすくしようという社会的要請もあると言っていい。

キャラ化は言うまでもなく人格の視覚化であり、記号化という側面を持つ。わかりにくさを忌み嫌う現代社会においては、人間の内面さえも単純に記号化しないではいられないのかも知れない。

考えてみれば、アニメやコミックのキャラは、制作の過程でなんらかの役割を持たされるため、他のキャラとかぶることはあり得ない。もし、キャラがかぶるようであれば、それは当然、制作途上で排除される。もちろんキャラが立たないものは論外だ。

こうやってみると、若者たちのコミュニケーションの所作は、まさにアニメ・マンガにおけるキャラ作りの状況と極めて近いと言うことができる。そして、まるで制作者というメタ物語的な視点からの監視におびえるかのように、彼らは自分の立ち位置をいつも気にしながら生きているのである。

コミュニケーションとは本来、相互の人間関係強化へと向かうはずのものだ。知らない者同士がコミュニケーションを通じて深く関係を構築していくというわけだ。しかし、若者たちのキャラ・コミュニケーションでは既に相互の関係は表層的に成立してしまっている。そして、それ以上の深入りはご法度なのである。

関係はタテに深まることはなく、その場に浮遊したまま、ヨコへヨコへと際限なく広がっていく。一見内面を吐露しあっているかに見えるブログのコミュニケーションも、いわば「ネタ」であり、それにお決まりのコメントをつけるという関係が際限なく繰り返されるのだ。

今の若者たちが、表層的な関係の友だちを信じられないほど多く持っているのは、まさにそういった関係のゆえだ。ここでは、コミュニケーションそのものがキャラになっているとも言えるのである。

お約束のコミュニケーション

キャラ化はまた、お約束のコミュニケーション手法でもある。

あらかじめ決められたキャラを前提に、フリとツッコミを繰り返し、笑いを作る。若者たちのコミュニケーションは、基本的にその繰り返しだ。

これは、コミュニケーションを常に想定内に収めるための技術だと言ってもいい。アニメやマンガのキャラが決して決められた以外の振る舞いをしないように、若者たちのコミュニケーションもまた、自由闊達な素振りをしながら、お約束の範囲を絶対に出ないように細心の注意が払われてもいるのだ。

さらに言えば、笑いはコミュニケーションの広がりを防止する作用を持つ。誰かのツッコミにみんなが笑う。また誰かがツッコみ、みんなが笑う。コミュニケーションはいつもそこで終わり、次には続いていかない。これもコミュニケーションが思わぬ展開になることを防ぐ機能だと言っていい。

ここでも、若者たちは生身のコミュニケーションのあり方に対して、ある種の怯《おび》えを感じているように見える。「お約束」「役割」のないストレートなコミュニケーションや、自分の予想を超えた未知なるコミュニケーションの広がりに対する強い拒否反応があるのではないだろうか。

そう考えると、若者たちにとってのコミュニケーションとは、そもそも、「アニメやマンガのシナリオ＝お約束」の世界の中で行われる儀式のようなものなのかも知れない。だからこそ安心して、そこに「居場所」を持っていられるということなのだ。

しかし、彼らの用意周到さとは裏腹に、「キャラ化」は時に彼らを追いつめもする。

いじめの問題がそれだ。

いじめ問題が取り沙汰されるとき、いじめる側といじめられる側とが容易に交換可能な状態にあることがよく指摘される。この文脈で言い換えれば、これはいじめキャラといじめられキャラが一瞬にして交替してしまう状況のことだ。

前述したように、自分のキャラは多くの場合、本人はよくわからず、グループ内の他の構成員によって決定される。これは、キャラクターとキャラの違いをよく伝えてもくれる。キャラがキャラクターと同じもの、あるいは関連しているものであれば、少なくとも自分のキャラが本人にはよくわからないという事態にはなり得ないはずだ。しかし、実際には、自分でも明確に把握できない「自分自身」とは切り離されたところで、自分のキャラは社会化し、それを背負って生きることが宿命となってもいる。

そのキャラは、正確に言えば、グループの健全な維持のために機能するものと言ってい い。

特に中学や高校などのクラスにおいては、スケープゴートのように、いじめられキャラの担当はランダムに誰のところにでもやってくる。ほんのちょっとした気まぐれ、ほんのちょっとした偶然で、いじめていた側の誰かがある日突然いじめられキャラへと役割を変えるのだ。

キャラは単にクラスの他の構成員によって一時的に貼られたレッテルなのであり、その意味では、その本人の内面のキャラクターとは関連のないリアリティの薄いもののはずなのだが、そのキャラが逆に、クラスという社会においては強いリアリティを持って、その人間を拘束し、追い込んでいくのである。

ここでも、恣意的に自らにもたらされたキャラが極めて呪縛的なものに変容してしまっているのだ。

ここまで、若者たちのキャラ化について見てきた。

まとめれば、若者たちは自分たちの居場所を確保するために、グループ内での役割としてのキャラを受け入れ、それに基づいて、そのキャラを演じ、時には、それが翻って自分自身のキャラクターへと立ち戻っていくことすらある。まったくノンリアルなキャラが最終的にはリアルな自分自身さえも規定してしまうのだ。

そして、そのキャラは極めて安易にグループ内の論理で準備されるにもかかわらず、強くその人間のアイディンティティを規定し、いじめや自殺といった社会問題にさえつながっていくのである。

しかし、多くの場合、こういった若者のキャラ化は、悲壮感を伴ってというよりは、むしろ楽しく、積極的に受け入れられているように見える。こういったハイストレスに思えるコミュニケーションを彼らはとても楽しそうにやっている。

これはなぜなのか。

彼らはここでも、生身の自分、リアルな自分から、キャラ的な自分へと変化していくことに「積極的」なのではないだろうか。

生身の自分は複雑極まりなく、自らの理解を超えてしまっている。「キャラ」を生きることに慣れつつある若者たちにとって、生身の心はとても手に負えるものではないし、それはむしろ、彼らにとってはリアルでありながらノンリアルなものになってしまっているのだ。そんなものと向き合ったとたんに、自分自身が破綻してしまうのは目に見えている。

アニメやマンガのキャラクターを愛し、コスプレや身体改造で自らをキャラ化する彼らにとっては、また自らの心も「お約束」のキャラでなければならないのである。

第六章　消費・ブログ・ケータイ・セカイ化

若者消費とキャラ化

キャラ化は、若者消費にも大きな影響を与えている。

このキャラ化と若者消費の関係を考えるときに避けて通れないのが「萌え」である。

そこで、ここではまず「萌え」について詳しく見てみたい。

「萌え」という言葉はオタク特有の嗜好《しこう》性を指すものとして以前から注目されてはいたが、二〇〇五年四月に浜銀総研が「萌え関連市場の市場規模」に関しての調査レポートを発行して以来、一般の人々の関心が一気に高まった。市場では「萌え関連銘柄」なる言葉まで出現し、またその株価が急騰するなど、経済界でも注目されることとなったのはまだ記憶に新しい。

しかし、実際のところ、現在でも多くの人たちは「萌え」=「オタク的な性嗜好」程度の理解しかしていないのが実情だ。確かに、「萌え」という言葉はフェチに近い意味での使われ方が一般的ではある。しかし、実のところ「萌え」には若者の消費意識の変容に通底する概念が込められているのである。

東浩紀は「萌え」について、『動物化するポストモダン—オタクから見た日本社会』(講談社現代新書)の中で、

「原作の物語とは無関係に、その断片であるイラストや設定だけが単独で消費され、その断片に向けて消費者が自分で勝手に感情移入を強めていく、という別のタイプの消費行動」

だと語り、この新たな消費行動のことを「キャラ萌え」と解説している。

たとえば、あるアニメや実写などの映像作品を消費する場合、通常そこにある物語や世界観、テーマといった上位概念的な全体にまず共感し、次にその物語に付随する下位要素としてのキャラクターに愛着を覚えるというのが一般的である。平たく言えば、作品全体に感動し、それを受けてその作品に出てくる登場人物も好きになるという流れだ。

これは、コンテンツ消費に限らず様々な企業やブランドの消費にも一般的に言える受容態度と考えていい。まずブランド全体のイメージやテーマ、世界観に共感し、そのブランドへの支持を前提に個別のアイテムへのロイヤリティが形成され、継続的な消費がなされていくという具合だ。ここで言うブランドが消費者にとっては「物語」であり、個々の商品が「キャラクター」に該当する。

しかし、現代のオタクたちの中心的な消費傾向である「萌え」は、東によれば、背後にある物語とは無関係にその断片であるキャラやイラストだけを「単独」で消費する傾向のことなのである。

つまり、あるコンテンツの持つ世界観やテーマ、物語への共感が消費へとつながっていくというようなこれまでの消費傾向とは違い、背景にある世界観やテーマ、物語などと隔絶し、それとは関わらない形で物語を個々に構成するパーツ＝要素であるキャラを単独で嗜好、消費する傾向が「萌え」消費なのである。

ここで背景にある大きな物語から切り離された個々のキャラは上位↓下位の階層性を持たず、すべてがフラットに、いわばデータベース状に並び、若者たちはそこからデータ検索をするかのように自分の好む要素だけを抽出し、消費するのである。

この「要素」は一般には「萌え要素」と呼ばれ、キャラはもちろん、そのキャラを形成する要素である身体や性格的な特徴のことを指す。この「萌え要素」は最近ではすっかり一般化しているが、たとえば「メガネっ娘」「ツインテール」「ツンデレ」「妹」「猫耳」などがこれにあたる。これを商品になぞらえると、色や形、個々のスペックやデザイン、パーツなどにあたると考えていい。

つまり、現代のオタクたち＝若者たちは物語やキャラクターといったものをばらばらに分解し、その構成要素たるパーツやスペックをいわばデータベースのように編集し直し、それを消費しているということになるのである。

東は、こういった消費傾向をそれまでの「物語消費」に対して「データベース消費」と呼んでいる。まさに、個々の断片としてのデータをランダムに消費していくデータベース型の消費というわけだ。

人間の身体属性や性格をパーツ化してしまう、この「データベース」という感覚は、実は「身体のキャラ化」のところで触れた、現代人のコスチューム的な身体感覚そのものと言っていい。

ここにあるのは、「メガネ」や「ツインテール」というパーツをその人間の身体の一部と捉えるだけでなく、「ツンデレ」のような性格さえ、いわば身体属性化し、それを愛玩物として消費するという、もっともキャラ的なあり様なのである。

「萌え消費」の典型——iＰｏｄとブログ

「萌え消費なんて一部のアニメオタクの世界だけの話ではないのか」と反論する人もいるだろう。しかし、そうだとは言い切れない。

たとえば「iＰｏｄ」について考えてほしい。

「iＰｏｄ」は二〇〇一年の登場以来shuffle、nanoなどのファミリーラインを次々と発表、今では若者の消費・生活シーンにはなくてはならない定番アイテムになっている。

「iPod」がウォークマンなどそれまでのCDプレーヤーと決定的に違ったのは、それがまさに「ミュージック・データベース」だという点である。そこにはもはやアルバムに代表される作り手側の世界観やテーマ、いわば「大きな物語」は存在しない。アルバムにはあったであろう統一感、世界観、トータルテーマといったものは聞き手の自由なセレクションによって縦横無尽にデータベース化され、再編集されていく。若者たちは無数にダウンロードした曲から好きなパーツを、自由に再構成し、消費するのである。このiPod型の音楽視聴、音楽消費のあり様は、ここで見てきた「萌え消費」と極めて似た、いわばデータベース型の消費形態と言えるのである。

「iPod」だけではない。

「ブログ」。

これも、今若者の情報発信ツールとして爆発的に普及している。

この「ブログ」に見られるのも、物語的階層構造を排除したデータベース型の消費形態なのである。

これまでのWebサイトでは、常に階層が問題になった。ビューワーは上位階層からその興味に従って下位階層へとその世界観を探索する。その中にある掲示板や日記は単独で存在しているのではなく、あくまでＷｅｂサイト全体の「大きな物語」によって規定されているのだ。

しかし、「ブログ」は違う。

「ブログ」には階層は存在しない。ひたすら横に広がるフラットな価値等価型データベースだ。我々はそこからランダムにユニークなブログを自らの嗜好で検索し、消費する。コメントという形で要素の中に入り込んだり、トラックバックという形で自らのコンテンツに要素を吸収し、再編集することさえ日常的に行われている。この「ブログ」の広がりにも「萌え消費」との接点を見ることができるのである。

こういった変化に伴い、昨今のインターネット世界では「ポータルからロングテールへ」という認識が定着してきている。かつてインターネットの世界ではポータルサイトを作ることが圧倒的多数のビューワーを獲得する最大の戦略であった。しかし、ブログ時代には、無数の小規模ブログがそれこそ長い長いしっぽのように広がり、ポータルサイトを押さえても影響力をほとんど持てない状況になっているのである。

大きな物語とは無関係に断片としての情報だけをランダムに消費する。そして、それを自らの中でもう一度リミックスし、再構成していく。そういった若者たちの消費行動の変化に対応する形でインターネットの世界もまた大きな変化を遂げつつあるのである。

近年の若者のファッションシーンで広がる「セレクトショップ」という形態もまさにデータベース型消費の典型だといっていい。

言うまでもなく、現代の若者たちの間には、かつてのように一ブランドでトータルコーディネートするといった感覚はまず見られない。様々なアイテム、個別パーツを自在に組み合わせ、誰のでもないマイブランドを見事に作り上げることが当然になっている。さらに、そこでは全体の統一感をあえて壊し、シャツやシューズ、バッグやキャップといった個々のパーツを突出させるという発想が主流になってもいる。これは、「身体のキャラ化」の項で触れたパーツ化、コスチューム化の流れへとつながっていく意識だ。

そのブランドが誰によってどんな思想で作られているのか、もちろん、それに対しても一定の理解は示した上で、あえてそれを切り捨て、自らのアンテナによって再構成していく。それが現在の若者たちの消費意識なのである。

ディテールへの偏愛と属性消費

ここまで見てきた「萌え属性」を中心にした若者消費の変化は、七〇年代以降隆盛を極めてきたブランディングの根幹を揺さぶるものだと言っていい。

そもそもブランディングとは、ブランド全体の大きな物語としての価値を継続的アプローチによって形成・維持し、それによって様々なマーケティング的価値を付与する戦略である。そのブランドの持つ歴史、様々なコミュニケーション活動、各アイテムの持つベネフィット、そういったものが相互に連関しあいながら「大きな物語」としてのトータルブランド価値を形成し、そのブランド価値によって消費者を購買へと導くのである。

NIKEやadidasなどのスポーツブランド、PRADAやLOUIS VUITTONなどのファッションブランド、飲料や食品、家電など様々な分野において「ブランド＝大きな物語」的価値構造は強力なマーケティング的アプローチとして機能してきたと言える。様々な企業が多額の広告宣伝費を投じて消費者の中にイメージ形成させようとしてきたのが、この「ブランド＝大きな物語」への共感なのである。

しかし、今若者たちは「ブランド＝大きな物語」に重要な価値を見出さなくなりつつある。そのブランドの歴史的背景やトータルコンセプト、トータルイメージやメッセージなどにおかまいなく、パーツの差やディテールへの偏愛によってランダムに購入銘柄を決定しているのである。

今、若者たちの消費はブランドという大きな物語の消費から、小さな物語の消費＝キャラ属性消費へと変化を遂げているのだ。

この若者消費の考え方は、実は、前述した若者たちの「コミュニケーションのキャラ化」にも援用できる。

前述した瀬沼の表からはそれほど感じられないが、実際のキャラ設定は、いわゆる「萌え要素」と呼ばれるものと連関していることは言うまでもない。若者たちは大きな物語から離れ、萌え要素だけを消費する。

若者たちのキャラ・コミュニケーションには、同じように、グループ内の友人たちをいわば「萌え要素」でキャラづけし、それとコミュニケート＝消費するという特徴が見られるのである。

オタクたちのアニメ消費がその全体像を無視し、ひたすら小さな物語で完結するように、彼らのコミュニケーションもまた、その友人の全人格やグループ全体の「大きな物語」を一切無視し、ひたすら「萌え要素」を笑い合うというスタイルなのである。

蛯原友里とエビちゃん

ここまで見てきた「キャラ化するニッポン」の、そしてまさに「人格・のようなものとしてのキャラ」の象徴的存在が、人気モデルのエビちゃんである。

エビちゃんこと、蛯原友里は女性ファッション誌「ＣａｎＣａｍ」（小学館）の専属モデルとして絶大な人気を誇り、今では、若い女性たちにとっての憧《あこが》れの存在だ。「東京ガールズコレクション」で彼女が着たファッションはまたたく間に完売してしまうという。しかし、それはかつての「憧れの存在」たちのように、その発言や生きかたへの共感というものではない。若い女性たちはエビちゃんという「キャラ」そのものにあこがれるのだ。そして、彼女たちがエビちゃんに対して使う言葉はただひとつ、「かわいい」だ。

彼女は、その意味で、まさに「かわいい」という純粋な記号、純粋なキャラだけで成立する稀有《けう》な存在と言っていい。

彼女は「日経エンタテインメント！」（日経ＢＰ社）二〇〇七年一月号のインタビューで、自分が現代の「かわいい」の代名詞になっていることについて次のようにコメントしている。

「『エビちゃん』は、ヘアメイクをキレイにしてもらって、髪はふんわりゆる巻き。（中略）私があこがれていた女性像を現実化したのが『エビちゃん』なのかも。どうやったらかわいくなるだろう、っていうのを、鏡を見ながら考えたり、ヘアメイクさんや友達に相談したりして今のスタイルを作り上げていったんです」

彼女はインタビューの中で、「私」と「エビちゃん」を上手に使い分けている。このインタビューを読む限り、彼女は、蛯原友里というキャラクターと「エビちゃん」というキャラとが別の存在であることに対して自覚的に見える。

それはともかく、彼女のコメントは、蛯原友里がいわば「萌え属性」ならぬ「かわいい属性」を駆使して自分自身のかわいい度を上げていき、そうやって蛯原友里からエビちゃんへとキャラ化する、その仕方をストレートに表現している。

「私があこがれていた女性像を現実化したのが『エビちゃん』なのかも」というコメントは、特に印象深い。

ここで彼女が言う「私があこがれていた女性像」とは、おそらく、彼女に限らず、多くの女性たちに共通の「かわいい」であったはずだ。

彼女は、彼女自身の内面やキャラクターとは関係なしに、彼女が、そして多くの若い女性が理想とする外在的で表層的な記号としての女性像を完璧に作り上げる作業を行ったのである。

そして、その結果、蛯原友里はエビちゃんとして「キャラ化」したのである。

この段階で、もう蛯原友里とエビちゃんとはまったく別の存在なのだ。少なくとも、社会的な意味では。だからこそ、そのことに自覚的な彼女は、できあがったキャラとしての自分を「私」ではなく「エビちゃん」と呼んでいるのである（ちなみに、モデル仲間の押切もえはエビちゃんのことを「エビ」と呼ぶらしい）。

また、インタビューでエビちゃんが挙げていたかわいい属性を強化していく作業は、実は日本のファンシーキャラの多くがやってきたことと同じなのである。

日本の子ども向けキャラクターはたいていの場合、男児向けは「カッコイイ」、女児向けは「かわいい」にイメージが集約される。むしろ、開発の段階で、それ以外のイメージを排除する作業をすると言ってもいい。

実際、ハローキティにしろマイメロディにしろキキとララにしろ、かわいい以外のイメージワードを挙げるのは困難だ。そのくらい、イメージの純度は高いと言っていい。

エビちゃんは、実は日本の代表的なファンシーキャラが作られる過程と同じ作業を自ら行い、それによってキャラ化したのである。

エビちゃんは歌麿の浮世絵である

彼女はキャラ化社会を自ら体現し、時代の寵児《ちょうじ》となった。

彼女がこんなにも見事にキャラ化したのには、実は訳がある。

彼女は「ＣａｎＣａｍ」の専属モデルになった後、芸能界のステップアップの法則に則《のっと》って「特命係長　只野仁」というドラマに抜擢《ばってき》されている。藤原紀香や伊東美咲といった先輩モデルがそうやって女優に転身したように。

しかし、幸か不幸か、その後は基本的にドラマや映画の出演は控え、平面媒体での露出に徹するという方針転換をした（現在では再びドラマやＣＭ出演に積極的になっているようだが）。

このことが、彼女が「かわいいキャラ」としてのイコンを獲得する決定的な要因になったと言っていい。つまり、雑誌という二次元的、平面的メディアでのみ徹底的に露出されたことによって、彼女の存在は高い記号性と「キャラ的リアル」を獲得するに至ったのである。

おそらく、早い時期にドラマやＣＭを通じて、生身の蛯原友里が多く露出されていたら、これほどまでに彼女のキャラ化が進むことはなかっただろう。それでは、蛯原友里の内面的なキャラクターが「エビちゃん」というキャラに重たくぶらさがり、記号としての「かわいい」の純度が高められなかったはずだからだ。

実際にエビちゃんのインタビューを読むと、彼女は牧歌的と言ってもいいほどに七〇年代アイドル型のコメントを連発している。

「(休日は)寝坊して、お掃除とお洗濯をして、そのあと友達と遊びます」
「よく作るのは、最近だとピーマンの肉詰めと、コロッケとゴーヤ・チャンプルーです。ごはんが好きなので、必ずごはんがつきますね」

こういった「普通の女の子」的なコメントは、おじさん受けはするとしても、そのどこからもキャラ化のヴィーナスとしての「エビちゃん」を見つけることはできない。むしろ、蛯原友里の飾らない性格や庶民的なライフスタイルへの共感という、通常アイドルのそれなのだ。しかし、繰り返すが、こういった蛯原友里という前時代的なキャラクターは、彼女のキャラとしての稀有な時代性にはなんの関わりもない。

彼女はひたすら雑誌という平面世界＝二次元的な記号の集積としての、言うなれば、「キャラ属性」の集合体としての場に存在することで、時代を席巻したのだ。

この平面のヴィーナスという特性に、前述した日本人の伝統的な美意識を重ねることはもちろん容易だ。平面的で、ノンリアルなものにこそ美を、そしてリアルを感じる日本人の美意識はエビちゃんにも受け継がれている。その意味で、エビちゃんは歌麿の浮世絵でもあるのだ。

雑誌のミニチュア性と「かわいい」

しかし、雑誌でもうひとつ注目すべきなのは、そのミニチュア性だ。

エビちゃんは女性ファッション誌のモデルなので、本来の役割は言うまでもなく商品である洋服やアクセサリーをきれいに見せることだ。当然ながら、誌面に登場するエビちゃんは全身写真が多い。つまり、三十センチ×二十センチほどの世界の中に彼女は住んでいる。この雑誌のミニチュア性がエビちゃんの「かわいい」を強化する構造になっているのだ。


エビちゃんに限らず、最近の雑誌モデル人気はすさまじい。彼女たちの多くはやはり雑誌の平面性とミニチュア性の恩恵を得て、キャラ化している。

しかし、彼女たちがエビちゃんほどのカリスマ性を発揮できないのは、おそらく自分のキャラクターに少なからずこだわりを持ち、それがビジュアルを通じて伝わってきてしまうからではないだろうか。エビちゃんは「かわいい」以外のあらゆる要素をビジュアルからそぎ落としてしまっている。まさに純粋記号として、そこにいるのだ。

ミニチュアと「かわいい」の関係については四方田犬彦が『「かわいい」論』（ちくま新書）の中で詳述している。四方田はアメリカの比較文化学者スーザン・スチュワートの『憧憬論』を参照しながら、次のように書いている。

「ミニュアチュールにとって重要なことは、それが起源となる物体を模倣しながらも、その本体が属している現実世界から完全に遮断され、外部と内部の境界を厳密に維持していることである。この隔離が前提となってこそ、それを手にする者は、現実とは別の秩序をもつミニュアチュールの空間に遊び、我を忘れることができる。なるほどミニュアチュールは起源となるものと比較すると、縮尺においてははるかに小さい。にもかかわらず（あるいは、それゆえに）それが体現する全体性の観念は強固であり、多くの場合、起源をはるかに凌駕している」

さらに四方田によれば、スチュワートは、

「自然のなかにミニュアチュールは存在しない」

とも書いている。

つまり、「かわいい」のひとつの源泉とも言えるミニチュア性は、現実社会をシンボリックに縮約しながらも、「生身の現実」から独立的に存在し、かつ、「生身の現実」よりも強い魅力を発散しているのである。

ここで四方田の言う「ミニュアチュール」をそのままキャラという言葉に置き換えることもできそうだ。

エビちゃんに話を戻せば、蛯原友里は自ら武装した「かわいい属性」とともに、雑誌の中でミニチュア化することで、強固な「かわいい」のイコンとしてキャラ化したということなのである。

こういった日本人のミニチュア愛好は、例えばポケット型のモンスター(ポケモン)やフィギュア、ドールといったように、キャラクター世界に色濃く引き継がれてもいる。

ここで注目したいのは、四方田が指摘しているようにミニチュア性が事物を「かわいい」だけでなく「力強い」ものへと変化させる点だ。

実際に、『「かわいい」論』でも例が引かれているように、茶室や盆栽、家紋や屋号などといったミニチュアの例は、「かわいい」よりもむしろ「力強い」に属すると言ってもいいものである。この点は、キャラ化による記号性の強化へと結びつけて考えることができるように、ぼくには思える。

言うまでもなく、現代の高度情報化社会はインターネットや携帯電話といった端末のモニター画面を通して世界と接する機会が多い。インターネットや携帯電話のモニター画面の中に存在する世界は言うまでもなくミニチュアの世界だ。

しかし、スチュワートが言うように、その世界は「それが体現する全体性の観念は強固であり、多くの場合、起源をはるかに凌駕している」。

モニターの中に広がる、平板でキャラ化したミニチュア世界。その世界は、現実の世界よりも強固な全体性を持ち、現実世界を凌駕しさえするというのである。

シミュラークルがオーラを持つ時代

エビちゃんはエビちゃんＯＬと呼ばれるコピーを大量に増殖させた。そして、言うまでもなく、エビちゃん自身が雑誌モデルとして大量の自分自身のコピーをばら撒《ま》いている。さらに言えば、ぼくらがメディアを通じてしかエビちゃんに接しないということは、ぼくらにとって、エビちゃんはそもそもコピーなのだとも言える。

このコピーという言葉は、シミュラークルという現代思想の用語に置き換えたほうが適切だろう。

シミュラークルとは、フランスの現代思想家であるジャン・ボードリヤールが提唱したもので、一言で言えば「オリジナルとコピーの中間的な概念」と言える。

ドイツの評論家ヴァルター・ベンヤミンによれば、オリジナルとシミュラークルの違いは、オーラがあるかないかだ。その意味では、エビちゃんにはオーラがないと言いたいところだが、たとえば、電車の車内一面に貼り出された平面の彼女を凝視していると、そこからは確かに「オーラ・のようなもの」が立ち上ってくるのがわかる。

エビちゃんだけではない。小泉首相やホリエモンなど、この本で取り上げてきたキャラは、すべて「オーラ・のようなもの」を強く持っている。だから、社会から注目され、時代の寵児になったとも言えるのだ。

しかし、繰り返し書いてきたように、キャラが生身の人間でない以上、彼らはやはりシミュラークルに過ぎず、本来オーラは持ち得ないはずなのである。

「キャラ化」の影響力を考える上で、このシミュラークルとオーラの関係は重要な問題だ。

そのヒントになるのが、東浩紀が二〇〇〇年に雑誌「広告」に発表した「存在論的、広告的、キャラクター的」という短いテキストだ。彼はその中で、ベンヤミンの「複製技術の時代における芸術作品」に触れながら、キャラ化とオーラの問題について語っている。それによれば、「シミュラークルの全面化」と言われる現代においては、本来オリジナルだけに宿り、コピーには存在しないはずのオーラを回復する作業が必要で、それをキャラ萌えと呼んでいる。

「トロ（PSソフト『どこでもいっしょ』のキャラクター）自身にはオーラはありません。あれは単なるイラスト、プログラムでしかない。そしてどんなに作り手が手書きっぽくイラストを描いたとしても、それが複製可能である以上、オーラは宿ることがない。でも、それが単なるイラストではなく『キャラ』になるというのは、その生産者が与えられないオーラを、消費者のがわが強引に与えるということです。（中略）ここで重要なのは、トロにオーラがないということを知っているのに、あえてそこにオーラを見出すということです。それは単なる勘違いや現実逃避じゃない。この『あえて』がないと、コピーばかりの砂漠では生きていけないんですよ」

「キャラ萌えとは、こういう風に、交換可能な対象を交換不可能にする感情の動きのことです」

高度な情報社会、シミュラークル社会の中で生きるぼくらは、シミュラークルなもののほうによりリアルを感じ、自己同一化できると考えている。一方でオリジナルなものには、自らの身体でさえ拒否反応を感じてしまう事態になりつつある。だから、ぼくらは自らの身体をシミュラークル化し、「キャラ的リアル」の中に投げ込むことではじめて、リアリティ、自己同一性を確保しようとしているのかもしれない。

しかし、シミュラークルへの自己同一化は実際には幻覚で、そこにはコピーばかりの砂漠しかない。そんな状況を突破するために、オーラを宿らせることで再びシミュラークルを擬似オリジナル化し、かろうじて自己同一化を確保しようとするアクロバティックな営みこそがキャラ化の深層だということにもなるのである。

それは、感情移入ができなくなってしまった自らの生身の身体を一旦自己から切り離すことで代替可能なコピー（キャラ）にしてしまい、そうすることで、逆に強い感情移入を可能にし、自己の身体として回復するという行為でもあるのである。

仮想現実が支配する社会においては、あらゆるものが一旦等価で横並び（シミュラークル）になってしまう。生も死も、自分も他人も同様だ。そういう社会では、感情移入が強ければ強いほどリアルを回復できる。それが「キャラ萌え」だ。

オタクたちにとっては、少なくとも自己の身体性よりも涼宮ハルヒ（谷川流「涼宮ハルヒ」シリーズ〈スニーカー文庫〉の主人公）のフィギュアのほうにリアルを感じることは間違いない。ならば、自己の身体を一旦フィギュア化し、自分の身体というキャラに「キャラ萌え」をするというアクロバティックな構造を作る必要があるということなのだ。

ケータイ小説ブームとキャラ化

最後に、「キャラ化」を象徴的に示す事例を二つ紹介して、本章を終わることにする。

一つめはケータイ小説だ。

文学の世界では、今ケータイ小説ブームが本格化している。

日販（日本出版販売）が発表した二〇〇七年度上半期ベストセラー単行本フィクション部門のベスト一〇を見ると、一位『赤い糸』（メイ著・ゴマブックス）、二位『もしもキミが。』四位『今でもキミを。』（ともに凛著・ゴマブックス）、五位『純愛』（稲森遥香著・スターツ出版）、九位『クリアネス』（十和著・スターツ出版）、一〇位『翼の折れた天使たち　星』（Yoshi著・双葉社）とケータイ小説が六タイトルも入っている。

ちなみに三位が二〇〇七年本屋大賞受賞の『一瞬の風になれ』（佐藤多佳子著・講談社）、七位が第百三十六回芥川賞を受賞した『ひとり日和』（青山七恵著・河出書房新社）、八位が

『東京タワー　～オカンとボクと、時々、オトン～』（リリー・フランキー著・扶桑社）といったビッグタイトルであることを考えると、ケータイ小説のすさまじいばかりの人気がわかるのではないだろうか。

しかも、ケータイ小説は基本的には既に携帯電話で読まれたはずのものであり、単行本はあくまで二次展開にすぎない。その単行本が名立たるヒット作を押しのけてベスト一〇の上位に並んでいるのである。

これほどにすさまじい人気を誇るケータイ小説だが、その文学的な評価、あるいはヒットの社会的背景については既に様々に語られているし、その内容は特に目新しいものではないので、ここであらためて論じるつもりはない。

むしろ、ぼくが興味を持つのは、ケータイ小説の持つ特有の構造がキャラ化を考える上での重要な示唆を提示してくれる点である。

ケータイ小説は、言うまでもなく携帯電話の小さな画面でも読みやすいように短文で構成されている。そして、その内容はいわゆる情景描写としての地の文が極端に少なく、独白、あるいは会話文が延々と続くという共通の特徴を持つ。

たとえば『赤い糸』のページを開くと、どこに向かっているとも知れない主人公芽衣の終わりのない独白が赤い色の活字で延々と続いていく。

「アタシ、何しちゃってたんだろう。
屋上で、何したの？
気持ちのないキスして…、何度も唇重ねて。
気まずくて、アッくんのことが見られない。
ナツくんには適当な言い訳をして流した。
考えれば考える程に、自分の軽薄さにあきれてくる。
でも…
汚い行為かもしれないけど、あのときはすごく満たされたんだ。
アタシ、どうしちゃったんだろう？
自分で自分がわからなかった。」

「私＝キャラ」がセカイを覆い尽くす

通常の文学の世界では、情景描写としての地の文は言うまでもなく「客観的な世界」の存在を示す。

つまり、ケータイ小説に情景描写としての地の文がないということは、ケータイ小説が描き出す「世界」に「客観的な世界」そのものが存在しないということを意味しているのである。

そして、本来「客観的世界」が支配するはずの場所を「独白」あるいは「会話文」が埋め尽くす。それがケータイ小説の特徴的な構造なのだ。

ここで、「独白」あるいは「会話文」とは、言うまでもなく主観的な「私」のことである。そして、主観的な「私」は、この本の文脈に沿って「キャラ」と置き換えることもできる。

つまり、ケータイ小説では、「私＝キャラ」が極度に肥大化し、本来は存在したはずの「客観的な世界」を覆い尽くしてしまっていると言ってもいいのである。

実のところ、この「私＝キャラ」の肥大化は何もケータイ小説に始まった話ではない。たとえば、新海誠のアニメ『ほしのこえ』（コミックス・ウェーブ）や高橋しんのマンガ『最終兵器彼女』（小学館）などに代表される、いわゆる「セカイ系」と呼ばれるコンテンツ群には、もともとこの傾向が顕著に見られる。

ウィキペディアによれば、「セカイ系」とは

「主人公（ぼく）とヒロイン（きみ）を中心とした小さな関係性（「きみとぼく」）の問題が、具体的な中間項を挟むことなく、「世界の危機」「この世の終わり」など、抽象的な大問題に直結する作品群のこと」

と定義される。

これを、ケータイ小説を分析した文脈でぼくなりに解釈し直すと、「セカイ系」とは「私＝キャラ」が客観的な中間項のすべてを呑み込むように肥大化し、ついには世界そのものと同化してしまう（＝セカイ化）作品群と言える。

たとえば『最終兵器彼女』では、自衛隊に最終兵器化されてしまったちせと、その現実を前に苦悶するシュウジとのミニマルな関係だけがマンガ紙面（＝世界）のほぼすべてを埋め尽くしてしまう。ちせとシュウジという「私＝キャラ」の存在だけが極度に肥大化し、そのまま「セカイ化」してしまっていると言ってもいい。

また、個人制作アニメながら幾多の賞を受賞し、世界二十ヵ国でリリースされた『ほしのこえ』では、主人公の長峰美加子は地球から八・六光年離れた惑星アガルタで異生命体タルシアンとの終わりなき戦いという「現実世界」を生きながら、まるでその「現実世界」が存在しないかのように、昇とのメール、そして彼への思いに没入する（ここでも美加子は『赤い糸』の芽衣と同様、八・六光年も離れた昇に向かって終わりのない独白を続ける)。

まさに「戦争」という「世界の危機」に直面しながらも、彼女の心は「私=キャラ」から外に向かうことは決してないのだ。美加子にとっての「私=キャラ」は地球の未来を賭けた「戦争」さえも簡単に呑み込みながら肥大化、セカイ化し続けるのである。

この「私=キャラ」の肥大化・セカイ化が、今現実世界をも呑み込んでいく。たとえば通勤電車に乗ってまわりを見渡せば、携帯電話の画面を覗き込んだまま自分だけの世界に没入する、たくさんの人たちがいる。この図は、まさに巨大ロボのコックピットに身を置きながら、昇へのメールを打ち続ける美加子の姿そのままである。たとえばミクシィを覗けば、膨大な量の極めてミニマルな「私」が、ブログという形でSNSという広大な世界をアメーバのように埋め尽くしていく。日常生活の至るところで「私=キャラ」の肥大化が進行し、世界を呑み込んでいく。この「私=キャラ」の前ではもはや、現実の「世界」は、芽衣やちせや美加子がそうであったように「認識さえされないもの=存在しないもの」になってしまっているのである。

まさに「私=キャラ」がすべて、それがキャラ化社会の今なのだ。

「やわらか戦車」に見るキャラ的リアルの可能性

「キャラ的化」を象徴的に示す事例の二つめは、二〇〇五年一二月「livedoorネットアニメ（ネトアニ）」(http://anime.livedoor.com) で衝撃的なデビューを果たし、毎月のページアクセスが五百万PV、延べ一千万人以上が視聴したと言われる話題のアニメーション「やわらか戦車」だ。

近年、アニメの世界は大作主義が広がり、多額の制作費が必要になってきている。多額の製作費をかければ、当然ながら回収のためにマスでの成功が前提となる。ここでも人気原作やマーチャンダイジングなどのビジネススキームが優先され、アニメ本来の自由な可能性はどんどん矮小化《わいしょうか》しているのが現実だ。

その一方で、ブロードバンドの普及により個人制作アニメーションのカルチャーに注目が集まってもいる。かつて、個人制作アニメーションは長い制作期間と作家性のあまりの強さから一部のマニアにしか評価されないという傾向があった。

しかし、近年フラッシュ技術の定着により、誰にでも簡単にアニメーションが作れるようになり、作家性というよりも同時代性を強く持った作品群が多数出現し、ネットを通じてヒット作が生まれる構造ができあがったのである。それがネットアニメだ。

その意味では、本来、すっかり硬直化してしまった現実世界を軽やかに揺さぶるはずのアニメやゲームが大作主義によって逆に硬直化し同時代性を失ってしまった、そんな状況に風穴を開けたのがネットアニメだとも言えるのである。つまり同時代的リアルという、そもそもアニメが持っていた原初的でフレキシブルな力こそがネットアニメの最大の魅力なのだ。

そんなネットアニメの代表作が「やわらか戦車」なのである。

「やわらか戦車」の主人公はやわらかい戦車だ。

桃のように押されたところから腐ったり、猫に餌と間違われてかじられたり、ヤンキーのお兄さんに眉毛を書かれたり、彼らのふだんの暮らしぶりは軟弱を絵に書いたようなものだ。彼らは一応兵器なので日々戦場に出てはいくのだが、やわらかい体では何の勤めも果たせず、すぐさま「退却！」を繰り返す。時々、体中カチンコチンの先輩戦車に「おめーら、兵器のジカクってもんが…」などとお説教されて、それなりにヘコんだりしながらも、戦場で不器用に戦うしかない先輩に比べて、「やわらか戦車」の類稀《たぐいまれ》な自由さは際立っている。

会社は金を儲けなければならない。

『やわらか戦車』（ラレコ）

若者は就職しなければならない。

政治家は選挙に勝たなければならない。

そして、人間は生き続けなければならない。

ぼくらが、他に選択肢はないと信じてきた、そんな「近代合理主義的な精神性」は、今や、その硬質さゆえにかえって砲弾の穴にはまって身動きが取れなくなってしまった重戦車のごとく、完全に惨めな姿態をさらしている。


社会的な存在理由を見失い、拝金主義にひた走る企業。

ニートやフリーターの大量増加。

選挙のための見せかけの「成果」を競い合うパフォーマンス政治の恒常化。

そして、年間三万人を下らない自殺者。

社会は完全に硬直化してしまっている。

それが「近代」の今なのである。

「近代」の今に従順に生きるならば、兵器は戦わなければならない。戦えない兵器は社会から排斥される。しかし、兵器であるにもかかわらずちっとも戦わない、兵器であるにもかかわらず金属探知機さえ簡単に通れてしまう彼らの生き様は、そんな近代的な精神性からはまったく自由に解き放たれているのである。

「やわらか戦車」が提示する世界を見ていると、「理想の身体性」だけでなく「理想の精神性」さえ備わっているのではないかと思えてくる。そこには現実世界がとっくの昔に失った自由や可能性があるのである。


「やわらか戦車」は現実世界に対して完全なる自由を得ている。その自由さは、おそらく彼がキャラであることから生まれていると言っていい。

キャラは「人格・のようなもの」として存在し、そのある種の不完全さ、ゆるさゆえに高密度な社会や世界、物語のループに組み入れられることなく、結果的に完全なる自由を得ることができるのだ。

そして、「やわらか戦車」に象徴される、この自由こそが、ぼくらが長くあこがれてやまなかった「キャラ的リアル」そのものなのである。

終章　キャラ化社会はどこへ向かうのか

キャラ化社会の今後を考える上で、どうしても触れておかなければならないものがある。

「セカンドライフ」のリアル

それは、3D仮想コミュニティ「セカンドライフ」についてだ。

「セカンドライフ」は、二〇〇七年中とも言われる日本語版のスタートが近づくにつれ、マスコミで取り上げられることが増えてきたので、ご存知の人も多いだろう。

世界で八百万人以上が登録しているとも言われるリンデンラボ社が運営するMMORPG（多人数参加型オンラインロールプレイングゲーム）である「セカンドライフ」は、まさに現実の都市そのものだ。

参加者は、まず自分の分身であるアバターを登録する。その上で「SIMM」という土地を購入する。後は、まったくの自由だ。

従来のRPGのように宝物を探す必要も、モンスターと戦う必要もない。現実の生活で、新しい現実の町に引越しをしたように、リンデンドルという通貨を使って、ただ自由に暮らせばいいだけなのだ。

「セカンドライフ」には日本人専用居住区があり、その中には「SHIBUYA」「MEGURO」「SHINAGAWA」というように、リアルな地区名までついている。

この日本人専用居住区を管理するジップサービスという会社が運営するサイト「マグスル」には、日々「セカンドライフ」の土地情報が更新されている。

たとえば、

「渋谷区ショップエリア完売　海岸沿い残り四　企業二」(二〇〇七・五・一)
「渋谷区、個人用全区画完売、企業用は残り一区画」(二〇〇七・五・二)
「世田谷区　五月二日　二一：〇〇　レンタル開始」(二〇〇七・五・二)
「世田谷区完売」(二〇〇七・五・二)
「品川区、目黒区、まだ若干余裕あります」(二〇〇七・五・三)

といった具合だ。

これを見ただけでは、ネット上の仮想都市の話とはとても思えない。また、情報の日付を見てもらえればわかるように、居住区の土地は売り出されると、あっという間に売れてしまっている。この状況は、まるで日本のバブル期の狂乱さえイメージさせる。現実に、土地代も値上がりを始めている。

「セカンドライフ」への企業の進出も話題になっている。

同じ「マグスル」のニュース欄には、以下のような情報が並ぶ。

「セカンドライフに大使館開設…スウェーデン」（二〇〇七・五・二一）
「電通、セカンドライフ内で都市開発・販促で企業間連携提案」（二〇〇七・五・二一）
「東京タワーがセカンドライフに出現」（二〇〇七・五・二二）
「セカンドライフに美しい空を描くことが可能に」（二〇〇七・五・二二）
「ジミー・ウェールズ氏、セカンドライフに現れる」（二〇〇七・五・二三）
「富士通、製品紹介にセカンドライフを活用」（二〇〇七・五・二四）
「国会議員がセカンドライフで実証実験」（二〇〇七・五・二四）

これ以外でも、トヨタやロイター通信、BBC、adidasなど錚々《そうそう》たる企業が参加している。ちなみに、ジミー・ウェールズ氏とは「ウィキペディア」の創設者として知られる人物だ。また、東京タワーは、インターネット上の映像製作などを手がけるデジタルマーケットという会社が、日本電波塔の委託で設置したのだという。国会議員というのは民主党の鈴木寛参議院議員で、日本の国会議員としては初めて「セカンドライフ」内に事務所を開設した。

もちろん、「セカンドライフ」内では事件も起きる。四月には、ベルギーのブリュッセル警察が「セカンドライフ」内で起きたレイプ事件について捜査を開始したというニュースも報じられた。

以上見たように、「セカンドライフ」は、ある意味で現実社会の持つリアリティをはるかに凌駕するリアリティを持つ未来型都市空間として急速に拡大を続けている。当然の話だが「セカンドライフ」が仮想空間である以上、土地は無限に存在する。拡大に限界はないのだ。

限られた土地を奪い合うことで戦争を繰り返してきた人間たちにとって、これはまさに奇跡に近いことだ。

また、そこで売り買いされる様々な商品は原材料を中国から調達する必要もなく、工場や工員を抱えることもなく、簡単に企画・開発から量産までできてしまうのである。

「セカンドライフ」が「ファーストライフ」になる日

この「セカンドライフ」について、香山リカは『なぜ日本人は劣化したか』（講談社現代新書）の中で、次のように書いている。

「この〝現実そっくり〟の空間で、理想の自分となって仕事をしたり、モノを創作したり、ライブや美術展を楽しんだり、さらには恋愛や同棲まで始めたり、という人が増えることに懸念を表明する声もある。この世界があまりによくできすぎているために、現実が色あせて見えてしまったり、現実の必要性が感じられなくなったりしてそこから出て来れなくなる、というケースもアメリカでは実際にあるそうだ。（中略）現実に見切りをつけてこの仮想空間に居を移すことじたいが、ある種の劣化だと考えることもできる。あるいは、現実の社会、人間の劣化が止めようもないくらい進んだからこそ、この『セカンドライフ』が移住先として熱望された、という解釈も可能だ。（中略）コンピュータ文化の進化の果てに、劣化する現実の受け皿ともなる世界が登場したのだ。これを進化と呼ぶべきか、劣化と呼ぶべきかは、『セカンドライフ』の数年後が明らかにしてくれるのかもしれない」

確かに、この仮想空間では、色あせて、様々なしがらみが重たくぶらさがった身体と精神を持つ「現実世界の私」のかわりに、限りない自由と可能性にあふれた身体と精神を持つ「キャラとしての私」が存在する。そして、その「私」はいつでも何度でも、ゲーム的な生き直しが可能なのだ。

その意味では、香山が言うように「あまりによくできすぎた」空間なのである。だから、この仮想空間から出てこられなくなる人がいたとしても不思議ではない。

そもそも「キャラ化」とは、端的に言えば、現実社会をキャラ的に生きる生き方を指した言葉である。

しかし、もちろんそれはたぶんに感覚的なものであり、物理的な意味で「生身の現実」を捨てることは現実にはほとんど不可能だ。残念ながら、ぼくらはコスプレで「キャラ的身体・のようなもの」を手にいれるのがせいぜいだし、理想の「私」に向けて何度も生き直すことなどできないのだ。

確かに、そうであったはずだ。

しかし、今目の前に、不可能を可能にした空間が広がろうとしているのである。絶望的なほどに「硬直化」してしまっている「現実世界」を完全に脱ぎ捨て、「キャラとしての私」として生きることが可能な社会ができあがったのである。


ぼくはこの本で、テレビや映画の中で起きている「生身の身体」と「キャラ的身体」とのヒエラルキーの逆転について書いたが、もしかすると、現実生活においても「生身の私」と「キャラとしての私」のヒエラルキー逆転が起こるかもしれない。

仮想現実社会を軽やかに闊歩しながら、パソコンの前に座る「生身の私」のことは小指の爪程度にも気にかけなくなる、そんな日々が現実にやってくるかもしれない。

つまりは、「セカンドライフ」が「ファーストライフ」になる時が。


そして、その時「キャラ化するニッポン」は、確実に次の、もはや後戻りできないステージへと進むことになる。

（付録）リア・ディゾンと「くどうさん」

「キャラ化」を語る上で忘れてはいけないのが、リア・ディゾンだ。

「生身」のリア・ディゾンが日本の芸能界にやってきてから、どのくらいが経つだろう。テレビや雑誌に顔を出し、CDデビューし、公式サイトにブログを書き……。

いわゆる通常のアイドルとしての活動を続けている。

もちろん、彼女を事実上発掘し、ここまで育てた多くのオタクたちにとっては、うれしい限りだろう。

しかし、実のところ、どうもぼくには今日本で活動する「生身」のリア・ディゾンが、あのリア・ディゾンだとは思えない不思議な感覚がまとわりついている。

アニメからそのまま抜け出てきたような稀なる身体性を持つリア・ディゾンの出現は、「生身の現実」を捨て「キャラ的リアル」を生きようとするぼくら日本人にとって、まさに革命的な出来事だった。それは、ぼくらが長年待ち望んだ「キャラ的リアル」による「生身の現実」に対する勝利をも意味していた。

どうころんでも現実から抜け出せない自らのむごたらしい身体を、コスプレやプチ整形やボディピアッシングという古めかしい方法でしか「キャラ的リアル」へと転換できなかったぼくらにとって、生身の身体が現実に「キャラ的リアル」として存在する、言いかえれば、高度に「キャラ化した身体」を持つリア・ディゾンの登場は、近未来のその先を告げるものだったのである。

そうであるからよけいに、リア・ディゾンには日本に来ても、そのまま「キャラ的リアル」な人生を生きてほしいとぼくは思ってしまうのだが、それは夢想が過ぎるというものか。

戦闘美少女として、『All You Need Is Kill』(桜坂洋著・スーパーダッシュ文庫)よろしく、今日も百五十九回目の戦闘に出ては百五十九回目の戦死を繰り返す、そんなワクワクするような生き方をまっとうしてほしいと望むのは、ぼくのわがままが過ぎるというものか。

そんなアホらしいことを考えていた折、偶然、現実のリア・ディゾンよりもはるかにリア・ディゾンな女の子と遭遇することになった。

彼女は、ぼくの事務所近くのコンビニでバイトをしていた。

顔や背丈、髪の色に至るまで、彼女はまさにリア・ディゾンそのものとして、神々しくそこに立っていた。

しかし、よく見ると、彼女は胸に「くどう」というネームプレートをつけ、甲高《かんだか》いが、流暢《りゅうちょう》な日本語で「いらっしゃいませ」とか「お弁当、あたためますか」とか、やっている。時々は、床にかがみこんで、雑巾で床磨きさえしているのだ。

彼女はもちろん、どこをどう探ってもリア・ディゾンではなくて、「くどうさん」なのだ（もしかして、事務所が芸能人修業と日本文化の勉強のために、こっそりコンビニでバイトをやらせているという深読みもできなくはないが）。

しかし、ぼくにとっては、現実のリア・ディゾンよりも、コンビニでバイト中の「くどうさん」のほうが、はるかにリア・ディゾンなのだ。なぜなら、「くどうさん」はどう見ても、昼はコンビニのバイト、夜は戦闘美少女に違いないからだ。コンビニのバイトという昼の姿も、「くどう」という、いかにもな名前も、もうまるでそうとしか思えない。

それが「証拠」に、彼女は夜お店に行くと、必ずいないのだ。

それは、ともかく。

リア・ディゾンは、言うまでもなく「キャラ」だ。

キャラである以上、生身のリア・ディゾンというコンテンツから軽やかに遊離し、本来の「リア・ディゾン」へと立ち戻ることが可能なのだ。さらに言えば、リア・ディゾンというキャラは、そもそもオタクたちによって作り出された「ノンリアルなリアル」なのであり、偶然、実際に存在していた生身のリア・ディゾンとはそもそもが別物なのだ。

謎の戦闘美少女「くどうさん」のほうがリア・ディゾンよりもはるかにリア・ディゾンだとしても、だから、それは特に不思議なことではない。

あとがき

先日、あるセミナーの懇親会の席で、参加者の一人から
「相原さんって、キャラだったんですね」

と言われた。

彼女は、おそらく
「割とおもしろいキャラクターだったんですね」

という意味で言ったのだと思われるが、素人ではないぼくは、その言葉を聞いて思わずたじろいでしまった。

「やっぱり、俺はキャラだったんだ」

自分の日常的な感覚がキャラ化してきていることはうすうす感じていた。しかし、公衆の面前でここまではっきりと「お前はキャラだ」と指摘されてしまうと、自分がまるで「不動明」(もちろんデビルマンの!)にでもなったような、そんなショックと興奮を感じざるを得なかった。

その日の夜、ぼくは湧き上がる期待に胸を躍らせながら、背中から翼が生えていないか、自分の体を入念にチェックしたのである。

今、「生身の自分よりもアバターの自分のほうが好きだ」とか「コスプレの自分が本当の自分だ」などという感覚を持つ人が急速に増加していると言われる。そういった感覚は、これまでなら間違いなく病的なものだと考えられた。離人症などの解離性障害の兆候ありというわけだ。しかし、ぼくから言わせれば、こういった感覚はもはや病的でもなんでもない。むしろ、それはすぐれて同時代的なものだと言ったほうがいい。時代は、どうやら、もうそこまできているらしいのだ。

本書は、株式会社キャラ研の公式WEB（http://www.charaken.com）に発表したごく一部を除いて、今回の新書のために書き下ろしたものである。

「キャラ化」という魅力的なキーワードを使って社会の予兆を読み解こうという今回の構想は、当初の予想に反し、膨大な労力と時間を強いるものとなった。そして、この本を書き終えた今となっても、まだ書くに至っていない「キャラ化」についての新たなイメージがぼくを挑発している。

キャラ化。

このキーワードは今後ますます、その魅力と説得力とを増していくはずだ。

機会があれば、ぜひ続編を構想してみたい。

この本の帯は、「やわらか戦車」で人気絶頂の作家ラレコさんにわざわざ描きおろしをして頂いた貴重なものである。ラレコさんはもちろん、ご尽力頂いた株式会社ファンワークスの高山さん、真鍋さんにも心から感謝したい。

また、この本の執筆に当たっては講談社現代新書の岡部ひとみ女史が混乱しがちなぼくの頭をとてもパワフルに（本当は嵐のようにという表現のほうが近いが）リードしてくれた。ご存知の方も多いと思うが、彼女もまたとてもキャラ化した人である。

２００７年７月

相原博之

＊本書第六章の「若者消費とキャラ化」「萌え消費の典型――ｉＰｏｄとブログ」は、「ＥＳＰ」No.４０８に書き下ろした「『萌え』に見る若者消費の近未来」を加筆・修正したものである。

講談社現代新書 1910

キャラ化《か》するニッポン

二〇〇七年九月二〇日第一刷発行

著者 相《あい》原《はら》博《ひろ》之《ゆき》

発行者 野間佐和子

発行所 株式会社講談社

東京都文京区音羽二丁目一二―二一 郵便番号一一二―八〇〇一

電話 出版部 〇三―五三九五―三五二一

販売部 〇三―五三九五―五八一七

業務部 〇三―五三九五―三六一五

装幀者 中島英樹

印刷所 凸版印刷株式会社

製本所 株式会社大進堂

定価はカバーに表示してあります Printed in Japan

N.D.C.361 184p 18cm

ISBN978-4-06-287910-1

「講談社現代新書」の刊行にあたって

教養は万人が身をもって養い創造すべきものであって、一部の専門家の占有物として、ただ一方的に人々の手もとに配布され伝達されうるものではありません。

しかし、不幸にしてわが国の現状では、教養の重要な養いとなるべき書物は、ほとんど講壇からの天下りや単なる解説に終始し、知識技術を真剣に希求する青少年・学生・一般民衆の根本的な疑問や興味は、けっして十分に答えられ、解きほぐされ、手引きされることがありません。万人の内奥から発した真正の教養への芽ばえが、こうして放置され、むなしく滅びさる運命にゆだねられているのです。

このことは、中・高校だけで教育をおわる人々の成長をはばんでいるだけでなく、大学に進んだり、インテリと目されたりする人々の精神力の健康さえもむしばみ、わが国の文化の実質をまことに脆弱なものにしています。単なる博識以上の根強い思索力・判断力、および確かな技術にささえられた教養を必要とする日本の将来にとって、これは真剣に憂慮されなければならない事態であるといわなければなりません。

わたしたちの「講談社現代新書」は、この事態の克服を意図して計画されたものです。これによってわたしたちは、講壇からの天下りでもなく、単なる解説書でもない、もっぱら万人の魂に生ずる初発的かつ根本的な問題をとらえ、掘り起こし、手引きし、しかも最新の知識への展望を万人に確立させる書物を、新しく世の中に送り出したいと念願しています。

わたしたちは、創業以来民衆を対象とする啓蒙の仕事に専心してきた講談社にとって、これこそもっともふさわしい課題であり、伝統ある出版社としての義務でもあると考えているのです。

一九六四年四月　野間省一

経済・ビジネス

1489 リストラと能力主義 森永卓郎
1552 最強の経営学——島田隆
1574 成果主義と人事評価 内田研二
1596 失敗を生かす仕事術 畑村洋太郎
1624 企業を高めるブランド戦略——田中洋
1628 ヨーロッパ型資本主義 福島清彦
1641 ゼロからわかる経済の基本——野口旭
1642 会社を変える戦略——山本真司
1647 最強のファイナンス理論——真壁昭夫
1656 コーチングの技術——菅原裕子
1692 ゼロからわかる個人投資——真壁昭夫
1695 世界を制した中小企業 黒崎誠

1713 日本再生会議——木村剛
1717 事業再生と敗者復活 八木宏之
1721 粉飾国家——金子勝
1750 「家計破綻」に負けない経済学——森永卓郎
1754 経済学のことば——根井雅弘
1760 経済論戦の読み方——田中秀臣
1764 年金をとりもどす法 社会保険庁有志
1766 戦略思考のすすめ——河瀬誠
1773 グラフの表現術——山本義郎
1780 はじめての金融工学 真壁昭夫
1782 道路の経済学——松下文洋
1784 トヨタモデル——阿部和義
1795 「身の丈起業」のすすめ——一橋総合研究所

1834 スラスラ書ける! ビジネス文書——清水義範
1836 北朝鮮に潜入せよ——青木理
1845 人事制度イノベーション 滝田誠一郎
1857 上司につける薬!——高城幸司
1877 会社コンプライアンス——伊藤真

世界の言語・文化・地理

心理・精神医学

331 異常の構造——木村敏
539 人間関係の心理学 早坂泰次郎
590 家族関係を考える——河合隼雄
622 うつ病の時代——大原健士郎
645 〈つきあい〉の心理学 国分康孝
677 ユングの心理学——秋山さと子
725 リーダーシップの心理学——国分康孝
824 森田療法——岩井寛
914 ユングの性格分析 秋山さと子
981 対人恐怖——内沼幸雄
1011 自己変革の心理学——伊藤順康
1020 アイデンティティの心理学 鑪幹八郎

1044 〈自己発見〉の心理学 国分康孝
1083 青年期の心——福島章
1177 自閉症からのメッセージ——熊谷高幸
1241 心のメッセージを聴く 池見陽
1289 軽症うつ病——笠原嘉
1348 自殺の心理学——高橋祥友
1372 〈むなしさ〉の心理学 諸富祥彦
1376 子どものトラウマ——西澤哲
1456 〈じぶん〉を愛するということ——香山リカ
1465 トランスパーソナル心理学入門——諸富祥彦
1585 フロイト思想のキーワード——小此木啓吾
1586 〈ほんとうの自分〉のつくり方——榎本博明
1625 精神科にできること 野村総一郎

1740 生きづらい〈私〉たち 香山リカ
1744 幸福論——春日武彦
1752 うつ病をなおす——野村総一郎
1787 人生に意味はあるか 諸富祥彦
1852 老後がこわい——香山リカ
1862 「普通がいい」という病 泉谷閑示

知的生活のヒント

趣味・芸術・スポーツ